CT（授業協力者）と共に創る劇場型授業

新たな協働空間は学生をどう変えるのか

筒井洋一・山本以和子・大木誠一 編著

東信堂

はじめに

　CT ってなに？　授業協力者ってなに？　劇場型授業？
　と思われた方は、もう既にわれわれの挑戦に関心をお持ちの方だと思います。ありがとうございます。
　いずれの言葉もわれわれが創りだした言葉です。これらがなくても説明できないかと考えましたが、やはりこれらの言葉を使った方がわかりやすいので使っています。
　われわれの端緒となった関心は、これまで当たり前に考えられてきた、教員と学習者だけで構成される授業空間（学習空間）の見直しです。教員から学生への一方向の講義型授業は、教員の知識を効率的に伝えることに優れていても、伝えられた学生の中では知識の定着度が高くありません。だからこそ学生がより理解しやすくなる授業方式としてアクティブ・ラーニング型授業が広がっています。私はその傾向は好ましいと思っていますが、同時に非常に物足りなさも感じています。つまり、学生の能動性を高める授業と言いながらも、それは教員一人の世界観の中での能動性だということです。
　教員が授業で学生に教える知識、技能、態度は、それが授業に限定されている限りは意味がありません。授業で学んだことが、授業後や授業外で活用されていくことによって、はじめて学びが広がっていった（転移した）といえます。まさに学びの目標は、学びが授業内にとどまるのではなく、転移することにあります。
　では、学びが転移するためには何が必要かというと、少なくとも学習空間が現実社会と近いことです。企業研修の中で、オン・ザ・ジョブ・トレーニングという実地研修があります。また、大学教育においてもフィールドワークやシミュレーションという教授法がありますが、それらは現場で実際に起こっている環境の中で育成をおこなう方法です。まさに起こっ

ている現場で育てることが現段階では一番転移しやすいといえます。(もちろん、体験だけすればいいのではなく、体験を振り返り、概念化し、実際に試行する必要があります。)

われわれが取り組んでいる授業の最大の魅力は、授業を学外に常時公開して学外の専門家などが自由に参画できることです。彼らを授業見学者と呼びます。また同時に、教員と一緒に授業を創る授業協力者のCT(Creative Teamの略)もいます。彼らは学外からの授業ボランティアです。このように学外の多様な社会を象徴する存在として、授業見学者とCTが授業に加わっています。

もちろん、授業全体のプロデュースは教員がおこなっています。しかし、CTや授業見学者が、社会で利用されている手法や知識、新たなスキルを提供しながら、学生の学びの意欲を刺激し、かれらがアクティブラーナー(能動的な学習者)になることを支援しています。確かに当初見学者の中には、見学者が授業に入り込んでいくことに戸惑いを持っている方もおられました。けれども、参加すればするほど、学生と密に関わり、より深く授業に関わる中で、見学者自らもアクティブラーナーとなってきます。CTは授業の演出をおこない、その演出によって、授業見学者が知識や創意を与えています。

私の授業において、多くの学生の受講動機は単位修得のため、というアンケート結果があります。そのため、当初学生の多くは受け身的な姿勢で受講してきます。それが次第に授業の進行に興味を持ったり、CTや見学者とつながる中で、授業に主体的に関わりだし、授業を支援する側に回ってきます。そこからさらに、CTと一緒に授業を創り、前に出てリーダーシップをとったりする学生が生まれてきます。学生がどんどん変わっていくのです。

このようにわれわれの学習空間では、教員と学生だけでなく、CTや授業見学者というマルチステークホルダーが存在し、教員が提示するコンセプトや理念と、場合によってはフリクションを起こしながらも、総体としては学びの促進に貢献するものとなっています。われわれの学習空

間はもはや閉鎖的ではありません。

　教員が設定した舞台の上で、学生、CT、授業見学者がそれぞれの役割構造を持つ授業を劇場型授業と呼びます。この授業の現場は、まさに学外の多様な社会で起こっている対立、協調、混乱、失敗、成功の場となっています。学習空間は、これまでのように教員が学生に予定調和の知識や方法を教える場ではなく、学生自らが混沌とした現実社会である授業の現場において創り出すものです。その大きな挑戦をこの場でおこなっています。

　もっとも、われわれはこの授業で展開されているすべてが不可欠だとは思っていません。この授業では、CTや見学者といったマルチステークホルダーの存在、劇場型授業という舞台、モジュール型カリキュラム、リフレクションベースの自己評価、反転授業、ファシリテーションなど非常にたくさん盛り込まれています。しかし、これらはいずれも切り離したり、アレンジすることが可能です。

　私自身は試行錯誤しながら2年半実践してきた結果、ようやくここまでやって来ました。けれども、私の原点は授業シラバスを学生と相談しながら創ったことです。この重要性は今でも変わりません。これならば、どんな教員であってもやれるはずです。

　授業を外に開くことで、学生の学びは新たな段階に到達します。どういう開き方、どういう協働空間がいいのかについては、多くの先行事例があります。その中で、われわれの授業において、過去2年半の間、500名を超える見学者と、20名を超えるCTを記録しました。これだけ多くの方が関わってくると、この授業はもはや単なる一過性ではなく、継続的な実践事例と考えてもおかしくありません。そこで、これまでの取り組みをリフレクションしてみようと思って、授業に関わった方々と一緒に本書を書き上げることになりました。

　この授業で取り組んでいる多くの要素は、未来の教育において当たり前となるものです。もちろん現在ではまだ荒削りであることは否めませんが、必ずやそのシーズが花開くことでしょう。「現在の教育現場に、未

来の教育を取り入れたい！」そう思いながらわれわれは授業に取り組んできました。

　われわれが創り上げた協働空間は、いったい学生をどのように変えたのでしょうか。それについては本書をご覧頂きたいと思います。本書の「あとがき」まで読まれた段階で、みなさんがどのような気づきを得られたのかについては、著者一同ドキドキしながらお待ちしています。

　それではのちほどお会いしたいと思います。

筒井 洋一

ＣＴ（授業協力者）と共に創る劇場型授業／目次

はじめに ………………………………………………… 筒井洋一　i

第1章　共感でつながるオープンな大学の教室 ………… 3

１．大学の教室（授業）の現状と課題とは何か？ … 筒井洋一　4
　(1)共感の戦略 …………………………………………………… 6
　　コラム①：大学教育にイノベーションをもたらした「グループ
　　　　　　ワーク概論」……………………………………… 戸田千速　8
２．課題から見えてきた新たな授業スタイル …… 筒井洋一　10
　　コラム②：学生一人一人に向き合うことで見えてきた「カオス」な
　　　　　　授業の魅力 ………………………………………… 柳本英里　17
　　コラム③：まるっとーく in 綾部―グループワーク概論から広がる
　　　　　　対話の場― ………………………………………… 遠藤　龍　19

第2章　学生が学びたくなる授業の工夫 ………………21

１．授業の秘密を解き明かす …………………… 筒井洋一　22
　(1)学外からの参加者が加わる授業公開 ……………………… 30
　(2)見学者による授業評価 ……………………………………… 35
　(3)授業に対する質問に答えて ………………………………… 38
２．授業に関わるステークホルダーの役割と機能 ……… 41
　| 役割１：授業協力者（Creative Team: CT） | 41 |
　(1)共創感のある授業
　　―「受ける」授業から「創る」「共に創る」授業へ―　桑原恭祐　41
　　コラム④：あいさつが授業に入るチェックイン―名札係の
　　　　　　重要な役割― ……………………………………… 水口幹之　51
　　コラム⑤：パーソナリティー特性「ビックファイブ」… 大木誠一　52

(2)ちょこっと前にいる大人の視点から、授業に関わる大切さ
　　を伝えた― 仲間を知り、共に成長する空間を
　　創るための piece ― ………………………………… 出町卓也　55

　　　　コラム⑥：初めて CT が学生に認められた 10 分間 …… 矢野康博　63

(3)みんなといっしょに、学びを楽しむ ……………… 吉田美奈子　65

　　　　コラム⑦：CT を志願した動機と続けられた理由……… 小西真人　71

役割２：授業参加者・見学者	73

(1)最多回数授業参加者（見学者）が見た
　　―教室内の『ヒト』の関係性が意欲を高める― …… 松尾智晶　73

　　　　コラム⑧：インストラクショナルデザインの活用 …… 坂井裕紀　84

(2)学習環境の端から支援する授業参加者（見学者）… 坂井裕紀　85

　　　　コラム⑨：授業をゲーム風に味付け！？ ……………… 三浦祥敬　92
　　　　コラム⑩：ゲーミフィケーションの活用 ……………… 坂井裕紀　95

第３章　アクティブ・ラーニングを促進する新しい学習評価…97

１．第三者による対話型リフレクション ……… 大木誠一　98
　(1)第三者による対話型リフレクションとは ………………………　98
　(2)対話型リフレクションの具体的な流れと内容の検討 ………　99
　(3)グループワーク概論の構造と対話型リフレクション ……… 102
　(4)対話型リフレクションを媒介として拡張した学びあいの場　107

　　　　コラム⑪：転移（transfer）とは？ ………………………… 大木誠一　114

２．学びの意識と学びの場を改善するリフレクション… 大木誠一　116
　(1)はじめに ……………………………………………………………… 116
　(2) Midterm Student Feedback（MSF）………………………… 117
　(3) MSF の事例 ………………………………………………………… 118
　(4)まとめ ……………………………………………………………… 121

　　　　コラム⑫：教えるのではなく、「学び合う」………… 霧嶋　舞　123

3．次につながる主体的な学びを促す
　リフレクション ………………………… 山本以和子 125
　　(1)学生の学びに対する問題意識 ……………………… 125
　　(2)ティーチングからラーニングへ …………………… 126
　　(3)主体性を持たせるリフレクション ………………… 129
　　(4)多様なリフレクションの方法 ……………………… 130
　　　　コラム⑬：アサーショントレーニング ……… 小西真人 136
　　方法1．コーチングで次の学びをデザインする… 坂本祐央子 138
　　　　コラム⑭：見学者を巻き込め！授業は学びのコミュニティ
　　　　　　づくりと心得よ ……………………… 水口幹之 151
　　方法2．次の挑戦を生み出すファシリテーション… 芳本賢治 153
　　　　コラム⑮：クリッカーのシステムをつかった、スマート
　　　　　　フォンによるリフレクション方法 ………… 田口　晋 162
　　　　コラム⑯：メディアを使ったリフレクション
　　　　　　―メタのメタから― ………………… 加藤尚子 164

第4章　劇場型授業スタイルと未来の教育への萌芽 … 167

1．劇場型授業スタイルの概念 …………… 山本以和子 168
　　(1)社会化された生涯学習者の資質と力 ……………… 168
　　(2)資質や力を授業でどのように表現するか ………… 169
　　(3)劇場型授業スタイルの誕生 ………………………… 171
　　　　コラム⑰：CTは、"何者"！？ ……………… 桑原恭祐 175
2．筒井実践の課題と可能性
　　―大学教育のイノベーションに繋げるために― …… 佐藤浩章 176
　　(1)授業設計の二つのアプローチ ……………………… 176
　　(2)教員に求められる教育上の専門性 ………………… 178
　　(3)集合知と即時改善 …………………………………… 180
3．劇場型授業の可能性とそれを支える枠組み… 大木誠一 182

(1)劇場型授業の可能性 …………………………………………… 182
　　　コラム⑱：反転授業は、未来の学びの第一歩 ……… 筒井洋一 189

おわりに ……………………………………… 筒井洋一 191
さらに学びたい人のための書籍リスト ………………… 195
執筆者紹介 ……………………………………………… 201

ＣＴ（授業協力者）と共に創る劇場型授業
── 新たな協働空間は学生をどう変えるのか ──

第1章

共感でつながるオープンな大学の教室

　第1章では、学外者を含めたオープンな関係の中で新しい学びが生まれるという問題提起をおこなっている。毎週学外に向けて授業を公開し、多数の見学者を集めている大学の授業では、教員と学外の授業ボランティアとが一緒に授業を創っている。大学と社会との歴史的関係、従来のような教員と学生という閉鎖的な学習空間など、これまでの大学の授業のあり方を問い直し、さらに授業の協力者との関係の変化と、創出される新たな価値とはどのようなものかを説明している。

1．大学の教室（授業）の現状と課題とは何か？　　　　　筒井洋一
　　コラム①：大学教育にイノベーションをもたらした「グループ
　　　　　　ワーク概論」　　　　　　　　　　　　　　戸田千速
2．課題から見えてきた新たな授業スタイル　　　　　　筒井洋一
　　コラム②：学生一人一人に向き合うことで見えてきた「カオス」な
　　　　　　授業の魅力　　　　　　　　　　　　　　柳本英里
　　コラム③：まるっとーく in 綾部—グループワーク概論から広がる
　　　　　　対話の場—　　　　　　　　　　　　　　遠藤　龍

1．大学の教室（授業）の現状と課題とは何か？

筒井洋一

　授業も4週目に入り、そろそろ順調に進んできた頃、授業前に、女子学生が私のところにやって来て、次のようなことを言ってくれた。

　　女子学生：「筒井さん、今思っていること言っていいですか？」
　　筒井：「はい。もちろん、いいよ。」
　　女子学生：「筒井さんと一緒に授業を担当するCTさんですけど、彼らは学生の学びの同伴者のはずなのに、どうも筒井さんの補佐みたいな感じに見えるんです。もっと学生の中に入った方がいいと思います。」
　　筒井：「（私はとまどいながら、）ありがとう。すぐに直すよ！」
　と答えた。

　私の授業には、私と一緒に授業を担当する授業協力者(Creative Team: CT)という学外のボランティアがいる。彼らは、私よりも年齢がはるかに若く、教員ではないので、自ら授業を担当した経験もなかった。けれども、彼らは、これまで大学の授業支援をしたり、様々なワークショップを企画したりしているので、参加者と一緒に学ぶという姿勢は身についていたはずだった。しかし、いざ教壇に立つと、教えることに必死になってしまい、いつの間にか学生と一緒に学ぶという姿勢がおろそかになっていたのだった。それをずばりと指摘した学生を前にして、私は戸惑いながらもあわてて気を取り直した。CTにこの話をしたら、彼らもすぐに理解してくれた。それ以後は見事に学びの同伴者となってくれたのであった。
　通常の授業では、学外からの授業参加者という存在はあり得ない。しかし、この授業は違う。CTは、報酬がなく、強制されることもないボラ

ンティアの自律性に基づいた経験と判断を基礎にして、大学の授業に参加してくれている。教員の役割は、彼らが活躍できる場を創り、一緒に取り組んでいくことである。これが、われわれの授業の特徴だ。

　ただ、素人集団が中心になった授業というと、一見すると、すぐに壊れそうな授業イメージに思える。けれども、実際に運営してみると、意外に根強く、さらには教員一人で授業するよりも成果が上がりやすい。そうした授業に加わった人たちがどのような思いでこれに参加し、どのように実践をおこなってきたのかについて語るのが本書の主題である。

　専任教員以外の人が大学の授業に関与する方法としては、二つの方法がある。一つは、非常勤講師やゲスト講師などのように、授業を担当することによる対価を受け取る関わり方である。もう一つは、ゼミ生や卒業生、TA（ティーチング・アシスタント）、SA（スチューデント・アシスタント）などのように、なんらかの教員の影響力を活用した関わり方である。前者が金銭関係であり、後者は上下関係による影響力である。これら二つの方法なしには現状の大学教育は成り立たないし、その重要性を軽視することはできない。

　しかし、学外の人々が、よりフラット、かつオープンに大学に参加する方法はないのか。つまり、金銭関係や上下関係という外的要因ではなく、大学の学びや学生の成長に関わりたいという学外ボランティアと教員とが互いに思いを共有し、それを実践するという第三の方法である。

　思いを共有したり、互いに共感したりという内発的な動機は、外的な動機よりもはるかに深いレベルでのつながりとなる。米国のベストセラー作家であり、アル・ゴア副大統領のスピーチライターを務めたダニエル・ピンクが、『モチベーション 3.0』[1]で指摘しているように、自分の内面から持続的に湧き出てくる、何かを学びたい、創造したい、世界を良くしたいという、内面からくる「やる気」を活かせば、これまで大学の枠組みでしか考えられなかった教育が社会的コンテキストの中でイノベーションを起こすことが可能になるのではないか。

⑴共感の戦略

　本書の授業は、まさにこの第三の方法によって、大学の学びのイノベーションを起こす試みである。そこでは、教員とボランティアとが互いにフラットな関係で結びつくと同時に、大学と社会との結びつきをオープンにして、授業に関わるステークホルダーの役割や授業自体の刷新を可能にした。こんなことが本当に可能なのか。はじめは誰も本気にしなかったが、二年半継続することで実現可能であることを証明したのである。もちろん、こうした授業はまだ、端緒に過ぎないにせよ、未来に向けた新しい学びの第一歩を踏み出したことだけは確かである。

　さて、その前に、まず現在までの大学の授業の変遷について鳥瞰してみたい。みなさんは、大学の授業といえばどういうイメージを持っているだろうか？　戦前の大学では、多くの有名教授が雄弁に自らの主張を語っていた。たまにテーマから脱線しながらも、むしろそれが魅力で学生たちが喜び勇んで聞き入る、そんな名物教授による名物講義が多数あった。それを聞きに他大学生もやって来て、授業が終わっても議論が延々続いていたのだった。

　けれども、私が大学に在籍していた1970年代（学生紛争も終息した時期）には、もはやこうした講義はなかった。大学の大衆化が進行して学生人口が激増した中で、何百名がひしめく大講義こそが日本の大学の授業であった。そこでは、90分間、マイクを通した教授の声だけが鳴り響く一方で、前列付近の学生を除けば、多くの学生は聞き流し、授業に積極的に参加することはなかった。この時期、既に学生は、大学の授業にほとんど期待を抱かなくなったのである（もちろん、私自身の努力不足を隠す言い訳として、私もそう思っていたのだった）。

　2000年に入って、日本の大学は更に変容してきた。かつてよりも学生の基礎知識や能力、進学の目的意識が多様化してきたため、多くの大学では少人数授業が増えてきた。しかし、依然として大講義の改善はほとんど進まなかった。

　そこで、本書は、学生のレディネス（大学教育を受けるために必要な学力、

姿勢、スキルが備わっていること）が多様化し、大学と社会の関係も変容する中で、大講義の改善が依然として行われていない現状を変えるために、授業に関わるステークホルダーが連携して、新しい学びの共同体を創り出す提案である。大学の授業の中でも大きな位置を占める大講義の授業は、教員側としては大人数の学生を相手にするために、かなりストレスのかかる授業である。さらに一方で、大講義授業は学生にとって評判の悪い授業でもある。もちろん、大講義の授業を運営するのは難しいにしても、なぜ大学の授業は、教員と学生だけという閉鎖的な学習環境でおこなわれ、外部者が関わる仕組みがほとんど閉ざされているのだろうか。それについては、今日までほとんど検討されていないのである。

コラム① 大学教育にイノベーションをもたらした「グループワーク概論」

戸田千速（2015 年前期，見学者，院生）

　筆者は「グループワーク概論」及び「情報メディア論」（以下，「グループワーク概論」）の際立った特質として，①学外者参画型の FD 活動と，②授業内における多様な関係性に着目した。以下，各々について論じる。

学外者参画型のＦＤ活動

　近年は「大学教育が社会から乖離している」との「象牙の塔」批判も手伝って，大学の授業において学外実務家を講師として招くケースが増えている。しかし，学外実務家の話は，学生にとって目新しく興味を惹くものである反面，ともすれば「授業ではなく，実体験に基づく一方的な講演」になりがちであり，学外実務家講師向けの FD 活動もほとんど見受けられないといった課題がつきまとう。

　「グループワーク概論」でも，会社員や団体職員，他大学・学部の学生といった多くの学外者が授業に参画している。しかし，本書で述べているとおり，授業において，学外者である CT や見学者が一方的な講義を行うことはあり得ない。そして何より，CT は筒井さんと共に，授業前後の対面ミーティングやスカイプ会議等，授業時間の何倍もの時間を割いて，授業改善の方策を検討している。学外者が参画した，これほどまでに綿密な FD 活動を，筆者は寡聞にして知らない。

授業内における多様な関係性

　「学生一人ひとりの顔が見える」大学教育として，真っ先に想起されるのは，オックスフォード大学や New College of the Humanities（NCH）に至るまで，英国の大学教育を特徴付けているチュートリアルであろう。

　一方，改めて述べるまでもなく，専任教員に加え CT が個々の学生と綿密なコミュニケーションを図る「グループワーク概論」は，「学生一人ひとりの顔が見える」授業を実現させている。

　この両者——チュートリアルと「グループワーク概論」——の決定的な違いは，参与者間の関係性にあろう。言うまでもなく，チュートリアルは教員

―学生という固定した関係性を前提としている。それに対し、CTが実質的な授業提供者として活動し、見学者も主体的な役割を果たす「グループワーク概論」は、教員―学生という固定した関係性に留まらない多様な関係性を内包している。

　毎回の授業には、代わる代わる見学者が参加する。このことは学生の視点に立てば、必ずしも予期していない形で、次々に新たな社会人や他大学・学部の学生と出会うこととなる。したがって、見学者の存在は、とりわけ対人コミュニケーションに苦手意識を持つ学生にとって、学期初期は警戒の対象となりがちである。しかし、時には初対面の見学者と協力しつつ、「グループワーク概論」を受講する学生は、三つのモジュール毎に、各々課せられたプロジェクトをこなさなくてはならない。対人コミュニケーションに苦手意識を持つ学生にとっては、これまで慣れ親しんできた教員―学生という関係性に基づく授業の方が、どんなに楽なことか。しかし、大学卒業後のことを勘案すれば、むしろ「グループワーク概論」の形式に慣れておくことが望ましい。そしてモジュール2も半ばを過ぎた頃には、対人コミュニケーションに苦手意識を持つ学生も含め、ほとんどの学生が見学者やCTと共同でプロジェクトに没頭している。その段階に至ると、最早ST比という概念が成立しないほどである。

　このように、「グループワーク概論」が内包する多様な関係性がもたらす教育効果は、極めて大きいものと推察される。

　本稿でこれまで論じてきた二つの点により、「グループワーク概論」は、日本の大学教育にイノベーションをもたらした授業であると考えられる。ともすれば、後世の教育史研究者は、「グループワーク概論」を「大学史における転換点」として位置付ける可能性もあるように思う。

2．課題から見えてきた新たな授業スタイル

筒井洋一

　大学教員には、学部のカリキュラム・ポリシーに合致する限り、授業内容、運営、評価のすべての権限が委ねられている。しかし、受講者に、内容理解→定着→活用を目的とする学習成果を一人ですべて実施できる教員は必ずしも多くないのではないか。大学教員は、大講義の授業をどうすれば改善できるのかという研修をまったく受けていない。ただでさえストレスの多い大講義の授業を研修もなしに実行しようとしても、一人でうまく進行できるわけはない。むしろ、得手不得手があって当然だと思う。それよりも、他の人と協力したり、相談しながら進めて行く方が改善しやすい。e-Learningや教育工学の世界では、教員に対する授業コンサルタント的な教育支援業務の重要性がいわれているし、理系学部では古くから実験助手的な職種があり、さらには文系学部であってもティーチング・アシスタント的な授業支援職もある。私が言っている「他の人」とは、こうした職種とは別に、教員と対等の立場で参加するパートナー的な存在である。

　実は、こういう私も7年前まで、他の人と一緒に授業を創ろうとは思ったことがなかったし、ましてや授業を公開したこともなかった。なぜ公開しなかったのかというと、授業公開すれば欠点を見つけられ、それを指摘されるのが怖かったからだ。そのため多くの大学教員が考えているように、私も授業は他の誰もが手を出せない「聖域として」大学教員だけが権限を持つことを望んでいた。

　しかし、6年前にキャリアデザインの授業を担当することになって、はたと困った。私は、大学院で研究者コースを歩んでいたので、ビジネスの現場を知らないし、ましてやキャリア教育を本格的に研究したわけではない。こういう状態のままで、私は本当に授業ができるのだろうか

と悩んだ。その時にふと浮かんだのが、学生と授業づくりをしてはどうかということである。私は、本務とは関係なく、日本ファシリテーション協会の会員となって研修を行うことや、(財)生涯学習開発財団から認定コーチの資格を習得していた。それをベースにしてファシリテーションやワークショップに関わっていたこともあり、そこには私の授業を受けていた女子学生もいた。

　そこで、彼女にこの授業づくりについて一緒に考えてくれないかと頼んだ。すると、当初からこの授業に関心の高かった学生なので喜んで協力してくれて次々にアイデアを出してくれた。これによって、私の学生に対する見方が完全に変わった。これまで学生は、成績の違いはあるにしても、結局、授業を受ける人にすぎないという認識だった。ところが彼女を見て、むしろ学生の中にも授業を創ることができる人がいることを知ったのだった。学生の伝統的な役割を超える学生がいることを発見したことで、私も教員として伝統的な役割を超えてみようと思った。ここから、私の授業観が根本的に転換した。

　すなわち、教員一人で授業を創るのではなく、学生を含めて他の人と一緒に創ればいい授業が創れるのではないかという仮説が生まれた。私はそれまで非常勤講師やゲスト講師との様々な形でのチーム・ティーチングの授業経験を積んでいたが、それらは私が中心になる形ではなく、補佐的な関わり方であった。権限配分でいうと、先方が八で、私が二くらいである。このような関わり方であると、私が授業全体の構図を変えるのは難しい。

　しかし、私が八以上の権限を持った授業の場合、私自身が変えることができるので思い切って変えてみた。つまり、権限を持った者自らがその権限を手放し、学外の方に権限を委ねるという試みである。2012年からは、私の授業で、学外からの見学者を積極的に授業に受け入れ始めた。当初、見学者には、教室の後ろで観察してもらっていた。けれども、ほぼすべての見学者は、対人コミュニケーションやファシリテーションの専門家であったので、彼らを単なる授業の観察者にとどめるのではなく、積極的に

グループワークに参加してもらって学生をフォローしてもらった。こうして教員と見学者による協働が生まれたのである。ただし、この段階では、教員の授業に見学者がアシスタント的に関与することにとどまっていた。その後徐々に学外者と授業を創ることによって、教員一人では不可能であったグループワークへの個別フォローを可能にすることで、グループ内での学生の学びを成長させることが可能になってきたのである。

　さらに、大きな転換を迎えたのは、2013年前期から学外のボランティアと一緒に授業を創ってみようと決断したことである。半期15週の授業を毎週一緒に創ってくれる授業協力者(Creative Team: CT)を募集したことから一気に世界が開けていった。2013年3月半ばに、大学の授業に学外者がボランティアで協力してほしいという呼びかけ(「京都の大学の授業を一緒に創りませんか？」)をフェイスブックや大学教育関連のメーリングリストに出すと、知り合いはもちろん、まったく知らない方からも熱いレスポンスをいただいた。その反響の大きさに励まされて、何が何でも実現しないといけないと思い、半年間精一杯取り組んだ。このあたりの事情は、2013年前期に第一期CTを務めてくれた吉田美奈子さんが詳しく語ってくれている。それがなんとかうまくいったことで、新たにCTを募集して、そしてまた半年間取り組んでいった。半年毎のサイクルを繰り返していく中で、結局、2年半継続することができた。2015年前期までで、5期のCTが誕生している。

　半年間一緒に取り組んでくれたCTと分かれるのはつらい。しかし、CTは半年で交代することにした、半年毎に新しいボランティアを募集するというかなり大変な作業を繰り返すことになった。15週間毎週1日をこの授業のために費やすという負担を一年間も求めることはさすがに申し訳ないという気持ちもあったが、それ以上にこうした大学への授業参加に他の人も関心を持ってくれるのではないかという予感があったからである。ありがたいことに、その予感は的中した。毎期毎に3〜6名のCTが集まってくれたのである。しかも、いずれも優秀な方ばかりであった。

　その代わり、一定数の優秀なCTを集めるために毎回かなり努力する

ことになった。2013年後期頃はかなり集めるのが大変だったが、2014年後期からは、噂を聞きつけて希望者が増えてきた。事前に、まず授業に見学に来てから希望する方が増えてきたのである。2015年後期の希望者も既に前期段階から集まってきていた。CTが前提となっている仕組みの中で、集まりやすくなってきたことは朗報である。

　しかし、なぜ、次々CTが集まるのか。もちろん、私個人の努力や思いがあることは確かであるが、集まってくる方の気持ちに触れるにつけ、個人的な努力を越えたところにCTへの関心があるのではないかと思う。

　このことを、少し大局的な視点から考えてみる。大学は、学術の府であり、主に20歳前後の若者を教育する場である。かつて大学は知を独占し、大学から社会に知が広がっていくという一方向の「知識伝授型モデル」であった。そこでの知の提供者とは教授（教員）であり、知の受益者とは学生であり、講義という場の中で完結するものと考えられていた。講義は、体系化されたアカデミックな知識を教えるという知識伝授型の教育であった。つまり、知とは、アカデミズムの世界の中で形成されるものであり、その集大成として大学教員が提供する大学知こそが知であると考えられていた。

　しかしながら、今日、知は大学に限らず、企業、NPO、市民などへと広がり、知の提供者はかつてとまったく異なってきている。大学の教育や研究に貢献する非常勤講師や研究員などを見れば分かるように、研究者以外、企業、NPO、市民などが大学知の一翼を担っており、教員のみが教育、研究を担うわけではない。大学が知を独占する時代が終焉した現在、知の提供者は教員に限らず、企業、NPO、市民などへと広がっている。彼らが非常勤講師、ゲスト講師、研究員などを担っている。その実践が評価されて、学外の人材が大学で教える機会はさらに増えているのである。

　文部科学省『学校基本調査』の調査によれば、兼務教員（専任教員以外）の比率は、1960年は27.2％、1970年は35.9％、1980年は39.0％、1990年は42.1％、2000年は47.7％と上昇の一途をたどり、今日では大学内の教

員の半分を超えている。兼務教員の内訳は不明だが、研究者以外の学外者の存在が無視できない。今や学外の専門家の協力なしでは大学教育は成り立たないのである。つまり、以前は大学が知を独占していたものが、今日、知は大学以外の社会にあまねく広がっているのである。もちろん、今日でもなお大学は知の重要な一翼を担っているが、もはやそれは部分にすぎなくなっている。けれども、このことは大学にとって嘆き悲しむことではない。むしろ、知のフレームワーク自体を再構成することでこうした外部の知や人材との交流を活発にして、知の連携を深めていくことで新しい大学知が発見されるのである。

こうした社会の変容は、当然ながら大学教育の変容へとつながる。従来の大学の講義は、理論的な「知識」や情報と「方法論」を説く世界であった。受益者である学生は、「方法論」を学ぶことで新しい課題や挑戦に対応できる力を身につけてきた。学生は、アカデミックな裏付けを身につけて他階層との差別化をおこない、社会を先導するリーダー層を形成することが望まれていた。

けれども、18歳人口の半数以上が大学に入学するユニバーサル化の時代の講義では、社会のリーダー層だけでなく広範に存在する健全な市民の育成こそが重要である。そこで必要な教育とは、知識や方法論を学ぶだけでなく社会の中で活用可能な知やスキルの育成である。現代の知は、実効性の高い知を求められている。今後は、授業のおこなわれる教室を閉鎖的な空間ではなく、学外の社会と密接なつながりのある「疑似社会」ととらえることはできないだろうか。

そして教授法に関して、欧米では一方通行的な知識伝授型の講義だけが授業であるという時代は、もはや終わったといっていい。洗練された事例であるマイケル・サンデルの『白熱教室』に限らず、アクティブ・ラーニング、ワークショップ、ドリル、ロールプレイ、ケースメソッド、プロジェクトメソッド等々、学生がいかに効果的・効率的に学ぶのかを探求している状況にある。もちろんわが国では、大講義室での知識伝授型授業は、教員も苦労し、決して評判がよくないにもかかわらず、大幅な

改善がなされないままの大講義授業が継続されているということも事実である。われわれはそれに一石を投じようと思っている。

　教授法に限らず、知識の提供者と受益者との関係の転換こそが必要である。そもそも教員と学生だけの授業という閉鎖的な学習環境がどこまで有効なのかは検討されるべきである。授業内で扱う学習内容は、工学であれ、法学であれ、医学であれ、優れて社会の中に生起するテーマである。多かれ少なかれ社会との接点を持つテーマであるならば、それに関わる学外の人々と一緒に学ぶなり、学外からのフィードバックを受けやすくするような仕組みは不可欠であろう。

　授業の最終目標は、授業最終における学生の最終評価で終わるのではなく、むしろ、授業で学んだことを学生がどれだけ社会生活の中で活用するのかが問われなければならない。授業内容は、社会の中で活用されてこそ意味があるのである。そうであるとすれば、社会には、当然ながら多様な社会人によって形成されている大学外の知が存在している。授業に学外者が参加することは、授業内に擬似的な社会生活が体現されることであり、授業に参加する学外者を媒介して、社会生活により近づいた状態を創り出すことになる。このように考えるならば、授業に学外者が参加することは、学外者が授業提供者の権限の枠内で授業テーマとルールを守る限りにおいて、学習の阻害要因ではなく、学習の促進要因となるのである。

　このように、知の提供者、健全な市民の教育、教授法、開かれた授業への変化を求められている中で、教員の役割は、もはや単なる知識の提供者ではなくなってくる。もちろん、知識提供自体は依然として重要であるにせよ、それ自体は、オンライン教材、それ以外の役割の重要性が高まっているのである。つまり、知識を提供するよりも、学生や学外者を含めた授業空間全体をホールドする総括プロデューサーの役割が重要になる。このあたりの授業の構図について、第4章第1節の山本以和子の記述に詳しい。

　学外者も単なるオブザーバーではなく、授業提供者になったり、授業

参加者になったりする。従来は、授業を受ける人であった学生も授業提供者になることもある。このように、授業内外の境界を自由に飛び越える学生、教員、学外者が協働活動をする状況こそが大学の新しい学びとなるのである。

　今や授業を提供するのは教員一人ではない。多くの学外者も提供するし、学生もその一員となる。授業準備も授業運営も振り返りももはや教員の孤独な作業ではなく、様々なステークホルダーが関わった学習コミュニティによる共有財産となるのである。

　以上のような理想を掲げることは誰でもできる。けれども、われわれがめざしているのは、理想を夢想するのではなく、理想から出発した授業をどのように実現するのかである。この授業は、もはや筒井一人の思いではなく、この授業に関わった多くの方々との共有知となっている。誰もが関わることができ、誰もが実施可能である。けれども、はじめから一気に取り組むのではなく、小さな積み重ねを元にして、徐々に協力していただける方を広げていくことである。鍵は、教員一人の努力ではなく、周りの方の支援こそが最大の起爆剤となるのである。共感する仲間の存在をまず大切にしていただければと思う。

　この授業を実際にどのように展開していったのかについては、次章で展開するが、この授業に関わるステークホルダーが、当事者としてこの授業のイノベーティブな側面と課題について語ってくることになる。さて、オープンでフラットな学びの世界へようこそ。みなさんと一緒に新しい未来の学びを創っていきたいと思います。

注

1　ダニエル・ピンク，大前研一訳(2010),『モチベーション 3.0』, 講談社

コラム② 学生一人一人に向き合うことで見えてきた「カオス」な授業の魅力

柳本英里（2014 年後期，CT，学生）

　2014 年前期グループワーク概論の授業をモジュール 1（前半）、モジュール 2（中盤）、モジュール 3（後半）と 3 回に渡って見学しました。「カオスな空間」——この授業の見学者が必ず言う言葉です。今学生たちがしていることがよく分からない。授業の目的も分からない。私も初めて見学した時は「カオス」な印象を抱き、授業が進む方向を理解することができませんでした。しかし、授業を 3 回見学する中で学生たちの積極的な姿が多く見られ、授業の雰囲気が変わっていく様子に関心を抱きました。また、授業として学生たちに目的とする姿を押し付けず、ただ見守る筒井さんの挑戦に感銘を受け、この授業の作り手として関わりたいと強く思ったのです。大学生だった私は、筒井さんに自ら授業の CT を行いたいと申し出、同年後期に早速 CT をすることが決定しました。大学生として他大学の授業を行う経験は他ではできないので、この貴重な機会を活かして、学生たちの成長を最大限に喚起する授業を創ることに意気込んでいました。

　授業を担当した CT 全員の思いは、学生自身が自分の成長を実感し、自信を持ってもらうことであり、それを実現するため、CT それぞれが強みを活かして授業創りに取り組みました。なかでも特に私が力を入れたことが二つあります。一つは、学生が主体的に授業運営を行うモジュール 2 での授業創りでした。「こんな知識が欲しい。」という学生の声を学生自身に実際に体現してもらうために、私はある学生 2 人とチームを組み、授業創りを行いました。学生にどんな知識が欲しいか、またどんな方法で学ぶと興味が湧くかなどの問いを投げかけ、学生からアイデアを直接引き出し、そして引き出したアイデアを実際に形にしてもらいました。授業当日は、学生が教壇に立ち、自分で考えた授業を一生懸命展開してくれました。私が行ったことは、学生の持つ力を信じ、彼らの力を最大限発揮できるような機会を作ることだけでしたが、学生は立派に授業を行い、学生として授業創りのアイデアを形にし、発表することで、他の学生たちにも大きな刺激を与えてくれていました。発表前の不安気な様子から一転して、やり遂げた達成感と充実感が大きな自信に繋った瞬間を学生の笑顔から読み取れた時は本当に嬉しかったです。

　もう一つは、授業を通して感じた学生の受講姿勢について、学生一人ひとり

に対面でCTからメッセージとして伝えたことです。この時、良かった点を褒めるだけではなく、学生にとって厳しいことも同時に伝えるようにしていたため、CTとしても根気と勇気の必要な時間となりました。しかし、頑張っていたことをしっかりとフィードバックすることで学生の自信に繋げ、同時に学生が自分自身の言動を反省し、自己変革のきっかけを作る機会となったと考えています。私と学生の間で育まれてきた関係性があったからこそ、同じ目線で率直に伝えるメッセージが学生にとって大きな意味をもたらし、一回の授業で完結させない更なる成長や変化に繋がると信じることができました。こうして、学生を巻き込んで授業創りを行うことやCTから学生たちに直接メッセージを伝えることは、学生を信頼していないとできないことです。同じ目線に立って、学生を信じることで、学生の成長とともにCT自身も成長させてもらえたと思っています。学びは一方通行ではなく、相互関係の中で起こるものだと改めて感じました。

　この授業の魅力は「カオス」にあると思っています。というのも、この授業は学生一人一人と向き合い、「今」を共有する授業だからです。つまり、この授業の魅力は「カオス」のように見える「ダイバーシティ」にあると思っています。この授業は学生一人ひとりと向き合い、「今」を共有する授業だからです。つまり、学生一人ひとりとCTという1対1の関係性の中で成長や学びを育む授業です。学生は、皆考えていることや性格や背景も異なるからこそ、学びの質や成長の方向も異なっています。その時その場の学生一人ひとりに応じていることで授業の雰囲気や形態が変化し、「多様な状況」が生まれるのです。学生の背景や事情を省みない画一的な授業のあり方ではなく、学生たちと同じ目線に立って一個人として学生と向き合います。それが学生とCTの間で信頼関係を育み、お互いに成長をもたらすことができる、そんな「学生の多様性に対応できる教育」がこの授業の最大の魅力なのです。

　この授業は、現在に至るまで何度も話し合いをし、多くの見学者・CTの意見を重ね合せ、試行錯誤を繰り返して創り上げてきました。引き継がれていくことも多くある中で、忘れずに大切にしてほしいことは「学生と共に在ること」です。この授業には前例や正解、完成すべき姿がありません。その時々の学生のニーズや思いを感じ取り、学生たちが自主的に学ぶ場を用意するために、学生たちと同じ目線に立って考えていくことが大切です。これこそすべての学生に大きな学びをもたらす教育本来の在り方に近づくのではないかと考えています。だからこそ授業の今後の可能性に大きく期待したいと思います。

コラム❸ まるっとーく in 綾部—グループワーク概論から広がる対話の場—

遠藤龍（2015 年前期，見学者，学生）

　「グループワーク概論」での実践は、様々な形で教室の境界を越え、社会に広がり始めている。このコラムでは、その一つの事例として「まるっとーく」という取り組みについて取り上げる。

　まるっとーくとは、高校生のキャリア形成及び地域を支える人材の育成を目的として、高校生・大学生・地域の方によるワークショップを行うものである。これには、京都府北部地域の抱える二つの問題が背景にある。

　一つは、キャリア教育に関連した問題である。この地域は、大学が少なく、地域の高校生にとって、大学について知る機会や現役の大学生と接する機会が乏しい。そのため、主体的な進路選択に欠かせない、具体的な大学生のロールモデルが身近に存在していない。

　そしてもう一つは地域活性化に関連した問題である。現地の高校生は、地元の歴史や文化に触れ、地元で働く人々とじっくり話す機会に乏しい。そのため、若者は地元地域の魅力を感じられないまま都市部へ転出し、地域から若い人材が流出している。

　上記の問題を解決するため、京都高大連携研究協議会、各地域の高校、地域団体、グループワーク概論に関わる授業協力者（Creative Team : CT）や見学者が協働し、高大連携での授業として実施されてきたのが、まるっとーくである。ここでは 2015 年 3 月 13 〜 14 日に開催された、「まるっとーく in 綾部」について、具体的に紹介していく。

「わたしとあやべ」を味わう、「まるっとーく in 綾部」

　まだ肌寒さの残る春先の曇り空のもと、綾部市の里山交流研修センターの畳張りの開けた和室に、綾部高校を中心に高校生 15 名、関西圏 7 大学の大学生 16 名、綾部周辺在住の社会人 13 名、計 44 名が集まり大きな一つの輪になって座った。ワクワクしている人、そわそわと落ち着かない人、一人ひとりの心のゆらぎとともに、非日常の場が始まった。今回の核となるコンセプトは「わたしとあやべ」。過去から未来へとつながる人生の旅路の一点である「わたしのいま」と、綾部地域に脈々と流れている歴史とストーリーを背景に

持つ「あやべのいま」とが重なり合う「いまここ」の瞬間。それを味わい、わかちあうイメージで始まった。

　会の前半は、「わたし」を深める時間。自己紹介、他者へのインタビュー、昼食のピザづくり体験により、会話が始まり、自分と相手の輪郭が浮かび上がり始めた。会の後半は、「あやべ」を深める時間。ワールドカフェという手法をベースに、小グループで「あなたの感じている、あやべの可能性・素敵なところは？」というテーマで対話を行った。一人ひとりが、自らの思う綾部の魅力と可能性を語り、その語り合いが幾重にも重なって、いろんな気づきが生まれた。

　最後は綾部を象徴するイラストが大きく描かれた模造紙に、それぞれの気づきを書いた付箋を貼り、再び一つの大きな輪になって座り、感想をわかちあった。高校生からは、「背中を押してもらいました。これから自分の目指したいものに向けて頑張ろうと思います」、大学生からは「綾部の魅力に浸ることができました。なんだか帰りたくない気分です」、そして地域の方からも「若い人たちの思っていることが聴けて、本当に面白い時間でした。時間が短く感じられました」という感想をいただき、会は締めくくられた。

　この取り組みの大きな特徴は、従来の高大連携授業の「大学教員と高校生」という関係に、地域の方と地域外の大学生を巻き込むことによって生まれる三角関係のもとでワークショップを行うという点である。これは、外部から授業協力者を入れ、従来の「教員と学生」という縦の関係を「教員・学生・学外者」による三角の関係に変えているグループワーク概論と同じ構造となっている。

　そして、この構造の下で重要となるのが、「対話」である。同じ一つのものでも、人や立場によってその見え方は異なる。その「見え方」の違いを尊重し、分かち合い、大切な気づきを得るために、対話のできる「場」は欠かせない。

　大学の学びにおいても、まちづくりにおいても、日常の境界を越え、多様な人々と出会い、対話する「場」がますます必要とされている。今後、そういった「場」が新しい学びのインフラとして機能し、社会に広がっていくと考えている。

第2章

学生が学びたくなる授業の工夫

　第2章では、この授業の当事者である授業協力者(Creative Team: CT)と見学者たちが、授業に関わった動機、授業の現状評価、授業の可能性について具体例を交えながら語っている。この授業は、三つの秘密(出席状況、学外者の存在、見学者による授業評価)が存在している。その秘密を解き明かし、教員が直接教えるという構図から脱することによって、従来の教育の刷新を行うことが可能になっていることを説明している。

1．授業の秘密を解き明かす　　　　　　　　　　　　　　　　筒井洋一

2．授業に関わるステークホルダーの役割と機能

　役割1：授業協力者(Creative Team: CT)
　　(1)共創感のある授業―「受ける」授業から「創る」「共に創る」授業へ―　桑原恭祐
　　　コラム④：あいさつが授業に入るチェックイン―名札係の重要な役割―　水口幹之
　　　コラム⑤：パーソナリティー特性「ビックファイブ」　　　　　　大木誠一
　　(2)ちょこっと前にいる大人の視点から、授業に関わる大切さを伝えた
　　　　―仲間を知り、共に成長する空間を創るためのpiece―　　　　出町卓也
　　　コラム⑥：初めてCTが学生に認められた10分間　　　　　　　矢野康博
　　(3)みんなといっしょに、学びを楽しむ　　　　　　　　　　　　吉田美奈子
　　　コラム⑦：CT志願した動機と続けられた理由　　　　　　　　　小西真人

　役割2：授業参加者・見学者
　　(1)最多回数授業参加者(見学者)が見た―教室内の『ヒト』の
　　　関係性が意欲を高める―　　　　　　　　　　　　　　　　　松尾智晶
　　　コラム⑧：インストラクショナルデザインの活用　　　　　　　坂井裕紀
　　(2)学習環境の端から支援する授業参加者(見学者)　　　　　　　坂井裕紀
　　　コラム⑨：授業をゲーム風に味付け！？　　　　　　　　　　　三浦祥敬
　　　コラム⑩：ゲーミフィケーションの活用　　　　　　　　　　　坂井裕紀

1. 授業の秘密を解き明かす

筒井洋一

　大学の授業に、授業を創る学外ボランティア数名がいて、毎週の授業には見学者がやってくる。また、その授業は欠席する学生も少なく、学生たちが楽しそうに学んでいる。

　そんな授業が本当にあるの？

　本章では、この授業の秘密を解き明かし、実際に授業を担った当事者からの説明によってそれを明らかにしていく。

　この授業は、一目見ただけでも、他の授業と異なっている。まず、第一は、学外の人たちが教室内にいつもたくさんいる。授業前に、学外の人たちが机と椅子のレイアウト変更を手伝っている。音楽が部屋中に響き渡る教室に入り、入り口で名札と配布物などをもらった学生は、同じグループの学生と挨拶しながら、自分のチームに着席する。普通、授業と言えば、学生と教員だけが教室内にいるものだが、この授業では、多数の学外者が教室にいる。その上、学外者はただ傍観しているのではなく、学生の話し合いが始まった時には、そのグループに参加したりする。学外者にも二種類あって、授業を見学するためにやってくる授業見学者と、教員と一緒に授業を創る授業協力者(Creative Team: CT)がある。いずれもが教員と学生という学内者とは異なる学外者として、教室という学習空間に関わっていく。

　この授業には、もう一つ違いがある。教壇には、普通は教員が立っているが、この授業では、学外者が教壇に立っている。学外の人たちの何名かが集まって授業進行について最終打ち合わせをしている。普通であれば教員は教壇付近にいるものだが、この授業では、教室の後ろに行って見学者と相談したり、授業を眺めていたりする。教員は、教壇に立つよりも、授業全体の進行や役割分担に注意を向けている。さらには、教

室の配置が普通とはかなり違う。普通、教室といえば、机と椅子が固定され、教壇に向かって規則的に並んでいるため、学生は教員の話が聞きやすい配列になっている。対して、この授業では、二つの長机が向かい合わせになって、その周囲に椅子が6脚配置されている。顔を横に向ければ教壇からの話が聞けるが、むしろ学生同士が向かいあって話し合いがしやすく配置されている。そうした机が教室中に広がっている。

今は、これら三つの違いだけでもわかってもらえれば十分であるが、これらの違いだけでもかなり異色の授業であるということがわかるであろう。

この授業は、これまで当たり前だと思われていた学習環境や人的構成を問い直し、未来の授業に向けて、どうすればより学びが深まり、社会性を帯びるのかを問い直している。われわれは、授業をオープン、かつフラットにして、授業に関わるステークホルダーがたえず役割を変えていく中で、未来の学びが生まれると考えている。過去2年半にわたってこの授業を実践してきたが、そこでは理想をただ語るのではなく、理想を実現するために実践してきたのである。しかも、この授業は、教員一人が考えて実践していたのではない。むしろ、これは、多くの関係者との対話と協働の中で生み出された未来の学びである。

この授業では、学生が互いに協力しながら、自ら学びを深めていき、その学びが日常生活の中でも活かされていく。学生の内発的な学びを促進するにあたっては、教員が主導するのではなく、むしろ教員は、学生自身が学び出すきっかけや環境を作ろうとする。教員＝教える人ではな

学生が対話しやすい授業の配置

く、学生の学びを促進するファシリテーターとしての役割に専念しているのである。

　われわれは、学外と学内との境界を越えることで学生の学びが促進される取り組みを過去2年半おこなってきたのであるが、第一節では、この授業の秘密を一つずつ解明していくことにする。第一の秘密は、多くの授業では、何週間かすると、出席者が急減するのだが、この授業では、欠席する学生が極端に少ない、または、欠席者が一時的に増えても、結果的に多くの学生が最初から最後まで出席し続けていることである。第二の秘密は、この授業では、毎週、見学者や学外ボランティアが参加するだけでなく、彼らが授業を創る側として参加していることである。普通、大学教員は、授業公開をしない。仮に公開しても学内向けであるし、学外者向けにしたとしても、見学者はあまり集まらない。しかし、この授業では、毎週、見学者や学外ボランティアが多数集まるだけでなく、彼らは授業を創る側として参加しているのである。

　第三の秘密は、授業評価を学外からの見学者が実施している。学生から出てきた意見を見学者、CT、教員、学生が一緒に分析し、改善を実践していることである。

　私の授業公開は、2012年度から始まり、2013年度には完全公開に踏み切った。2013年度前期「グループワーク概論」、後期他大学での非常勤授業「大学の学びを知る―自己表現力を高める―」、2014年度前期「グループワーク概論」、2014年度後期「情報メディア論」、2015年度前期「グループワーク概論」が本書で取り扱う授業である。これらは、科目名や授業内容が異なっているが、授業全体の枠組みは同じである。この授業は専門基礎科目であるため専門的な知識を持たない受講者も多い。その中でも特に重点を置いている受講者層は、学習意欲に欠けていたり、継続的な学習習慣がこれまでなかった学生である。彼らが毎週自発的に授業に出てきて、少しでも学びの楽しさに触れ、主体的に学習できるようになることを目標にしている。ここでは、これらの三つの秘密を順番に解明していく。

　第一の秘密は、この授業ではなぜ受講生が減らないのかである。学生

が授業を受講するにあたって常に求められるのが、授業への出席である。毎週同時間に同じ場所で開講される授業に出席することは、授業に興味関心が薄い場合、学生にかなり負荷がかかる。授業への出席が強く求められる場合にはなおさらだ。

　したがって、もし出席を強制されなくても、学生が自発的に出席するとすれば、学生の学びが促進されていると考えていいのではないだろうか。2012年から2013年の2年間、私の授業（受講生30～70名）では、いずれも最大受講生数と最小受講生数との差が10名程度であり、受講生はほぼ全員出席状態のままで推移している。第1週から第15週まで受講生数があまり変動せず、高止まり状態が続いている。しかも、教員側は特に強く出席を強制していない。むしろ、学生が自主的に出席するサイクルができあがっているのである。

　しかも授業後にも、見学者、CT、教員と共に学生有志が集まって、授業のFB会（Feed Back: 授業振り返り）を毎週おこなっている。学生は、自由意思での参加であるが、ほぼ毎週何名かの学生が参加し、多い時には10名以上の学生が集まっている。20名以上の参加者が意見を言いはじめたため、リフレクションが1時間半を超えたこともある。1時間半といえば、

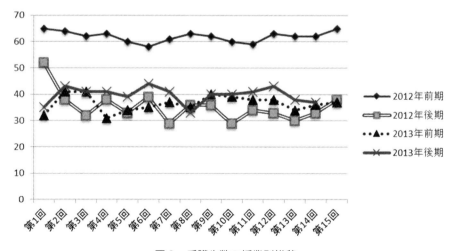

図1　受講生数の授業別推移

もう一コマ授業を受けたのと同様である。この大学の他の授業では、授業終了後に授業について話し合うという経験はこれまでなかったはずだが、参加した学生は楽しそうに話している。

また、見学者についても、2012年度前期は募集しなかったのでゼロだが、後期のべ13名、2013年度前期のべ95名、後期のべ35名であった。ほぼ毎週学外から週平均1〜7名の見学者が参加している。

以上のような受講生の出席状況と見学者数自体が、何らかの学びの促進に関わっていることが想像できるであろう。確かに何かが起こっている授業である。授業内容を知ってもらうために、プロモーションムービー（2013年度前期「グループワーク概論」）を制作している。URLは、次の通りである。

http://bit.ly/1crJJw8

QRコード経由で動画を見る場合は、以下を読み取ることでアクセス可能になる。

ここでは、なぜこうした仕組みの授業を始めようと思ったのか、そのきっかけについて述べる。そもそも私は、以前から大講義の中にグループワークを導入し、学生同士の学び合いの授業をおこなっていた。授業内で学生同士が学び合うという方式については、学生の評判がよかった。しかし、毎回の授業で実施するグループワークの評判が良くても、3、4週連続して同じチームを維持するのは、至難の業であった。学生の出席状況が不安定なために、あちこちでチームが解体してしまうのだ。このように、学生は伝統的な講義方式よりも、学生の能動性を高める授業方式を好んでいたが、学生の視野が目標に向けた継続的な学びに至っていなかった。そのため、3，4週連続した継続的なグループワークが実現できなかったのだった。自分なりにかなり工夫したつもりだが、結果的に

はうまくいかなかったことに落胆して、一時はグループワークの導入をあきらめていたのであった。

ところが、以下に説明する授業を実施してからは、欠席者がみるみる減っていき、学生はほぼ毎週出席するようになり、授業中の学習態度も一気に向上した。カリキュラムの構造は図2の通りである。半期15週の中に、三つのモジュールがあり、1モジュールは基本4週で構成されている。受講生は、6名平均のチームに分けられ、モジュールが変わる毎にチーム替えをする。つまり、学生にとってみれば、4週単位で小さな授業目標を達成していき、それが3回続いて最終目標に到達すると捉えることができる。

モジュール内の4週の構成は、いずれのモジュールでも同じ展開にしている。第1週は、チームビルディングとテーマについてのワークをおこなう。第2週は、テーマに関するアイデアの発散をおこない、テーマについての多様な意見の広がりを見せるワークをする。第3週は、アイデアの発散と発表で、第4週は、見学者による振り返りである。こうした構成のモジュールが3回継続されて、授業目標を達成していくのである。

2013年後期の授業「大学の学びを知る」では、「自己表現力を高める」ことを目標として、第1モジュールのテーマは「過去の自分、発見した自分」、第2モジュールは「現在の仲間と自分」、第3モジュールは「未来の社会と自分」であった。知らない自分を見いだし、仲間との対話の中で、これまで知らなかった自分自身を知り、社会の中で未来の自分を発見して今後

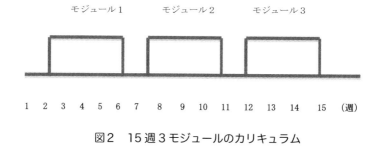

図2　15週3モジュールのカリキュラム

どのように対話力を高めていくのかを行動宣言するという内容であった。

通常のカリキュラムだと、第1週から第15週までが1テーマであり、徐々に目標へと接近していく。その場合、授業を受ける学生としては、毎週新しい取り組みであると見える。しかし、私のカリキュラムでは、モジュール毎に小目標があり、3モジュールを経て、大目標に達する。1モジュールが基本4週で完結することによって、学生はモジュール毎の小目標までのプロセスが見えやすく、全体像が把握しやすくなる。さらに、同じ構成のモジュールを3回繰り返すことで、学生にとってカリキュラムの進行がわかりやすくなり、カリキュラムの動きに合わせやすくなるのである。

しかし、このカリキュラムだけでは、欠席者は減らない。欠席者を減少させるためには、授業自体のとらえ方を変えなければならない。大講義であれば、学生が何百名であっても、教員一人で全体をホールドすることが求められる。ただし、私の体験からすると、受講生が40名以上になると、教員一人で学生の個別の学びを支援することは難しくなる。学生数が増えるにしたがって、教員と学生との心理的な距離がますます広がり、結果的に集中力の切れた学生が授業をエスケープしはじめ、徐々に欠席者が増えていく。

それを防ぐ伝統的な方法として、教員は、出席管理を厳しくしたり、小テストを課したりという強制力を行使するが、その実効性は疑わしい。確かに、強制力を行使するときだけ学生の出席者が増えるが、それを弱めると逆に出席者は減少する。つまり、教員が強制力を行使して、学生の意欲を外発的に高めることはできても、内発的に高めることはできないのである。

では、大講義の授業において、強制力を行使しないでも、学生が出席したくなる方法とはなんだろうか？　私は長年それを考えてきた。最近わかってきたのは、大講義では小規模授業の時と比べて、学生の心理状態が違うのではないかということである。クラス規模と学習意欲の関係に関しては、学術的には諸説ある。しかし、大講義では、知り合いも

少なくしかも隣にいる学生同士が互いに横の連携がない中で教員の話をずっと聞き続けることを強いられるが、それによって学びの意欲が高まるとはとても思えない。つまり、大講義を受講している学生は互いに孤立しているのであり、その孤立感が学生の学びの意欲を削いでいるのである。そこで、この状況を変えて、学生同士が互いに協力しながら、目標に向けたチーム作りをする環境を作れば、学生の意欲は一気に高まるのではないかというのが私の仮説である。こうした仮説を実証するために、授業を実施したのである。

　大人数の中での孤立感を防ぐには、グループ主体の授業(グループワーク)を実施すればいい。しかしながら、グループワークを導入しさえすればいいというわけではない。むしろ、学生にとって学びが促進される居心地のいいグループを作ることが大切である。居心地のいいグループができれば、他の授業では欠席しがちな学生も集まってくる。

　では、居心地のいいグループはどうすればできるのだろうか。まず、学生が4～6名のグループに分けられた後に、グループの一体感を醸成するチームビルディングをしっかりと実践することである。普通の授業では、グループ分けだけしてすぐに課題に取り組むことが多い。けれども、チームビルディングを疎かにするとグループに親しめない学生が出て来て、結果的に、メンバー全員の一体感を生み出すことができない。そこであえて時間を割いてチームビルディングをしておくと、メンバーの定着度が一気に高まり、その後の取り組みに顕著な差が出てくる。

　従来の大講義では、教員が学生全体を把握しようとしているが、この授業では、むしろグループに注目している。例えば、受講生が40名以上になると全員をホールドするのは難しいが、4～6名グループのまとまりを作ると、メンバー同士が互いに見守ることで、メンバー同士の学び合いが実現していく。これによって、教員は授業をホールドしやすくなる。受講生全員を教員一人で見ることはできないが、チームビルディングが機能している6名程度のグループであれば、教員はグループの動きだけをホールドすればいいので、はるかに容易である。

いいチームができれば、学生はチームに受け入れられた気になり、授業に出席するようになる。このことは、たとえ受講生数が100名以上になっても同じである。教員一人だけで授業をホールドするよりも、チームビルディングが機能している限り、学生の出席率は高くなる。さらに、後述するような授業協力者や見学者が授業に参加することによって、このカリキュラムの効果はさらに上がる。このように大講義の授業では、教員一人が学生全員をホールドするのではなく、むしろグループメカニズムを活用してホールドする方が学生の学びの意欲が高まるのである。

(1) 学外からの参加者が加わる授業公開

この授業の第二の秘密は、学外からの授業参加者（見学者と授業協力者）が授業に関わっていることである。学生の学びを促進するためには、多様なステークホルダーが関わることが大切である。そこで、授業開講前に、「大学の授業を一緒に創りませんか」という呼びかけをフェイスブックでおこなって、ボランティアの授業協力者（Creative Team: CT）を半期毎に募集している。

CTは、15週間大学に通い、毎週半日間、授業準備、授業運営、翌週の授業準備をおこなう。CTの多くは以前にTA（ティーチング・アシスタント）やSA（スチューデント・アシスタント）などの授業支援の経験があった。しかし毎週の授業をシラバスに沿ってゼロから設計し、授業運営を担当して、終了後には、振り返りと翌週の準備をおこなうというボランティアはかなりのハードワークである。

とにかく2013年前期に授業がはじまったが、予想通り、翌週の授業準備には苦戦していた。自宅から車と電車を乗り継いで3時間かかって来たCTは、準備途中で帰らざるを得なかったが、最後には残ったメンバーで夜遅くまでかかってなんとか仕上げた。授業開始早々のモジュール1には、そういう苦労を毎週おこなっていた。最近、当時のCTからその頃の話を聞いたのだが、「（授業中盤頃から、）こんなに大変な仕事をしないといけないとすれば、この仕組みを続けることは難しい」と話していたそ

うである。当事者もそう思っていたくらいだから、きっとヒヤヒヤの運営だったのだろう。

　しかし、結果的には、この制度はその後も続けることができた。確かにモジュール1では、翌週の授業準備にはかなりの時間を費やした。けれども、モジュール2になってくると、準備に慣れて、当初ほど手間がかからなくなったのである。もちろん、依然としてハードワークであることには変わりないが、有能なCTはより短時間で準備を終えることができたのである。そういうこともあって、2013年後期以後も新規CT募集をしたら、ありがたいことに毎回新しいCTが参加してくれた結果、この授業は二年半継続できたのである。確かに教員から見ると、2013年後期は前期に比べて授業準備の負担がかなり楽になったように思える（もちろん、後期CTにとっては初めての体験なので、以前を知らないので実感がないかもしれない。しかしながら、作業の進行状況を見ているとかなり負担が少なくなっている）。その原因は、前期と後期のCTの能力差ではなかった。

　むしろ違ったのは教員が半年間の経験をしているかどうかである。

　前期は教員にとっては初めての経験であったため、翌週の準備だけで精一杯であった。そのためCTもその準備に追われる。逆に、後期は教員が翌週だけでなく、モジュール最終週までの構成を考えられる余裕ができたので、CTも先が見えるようになった。先が見えると、翌週だけでなく、それ以後の授業進行についてのアイデアも早めに蓄積されてくる。その結果、授業準備時間がはるかに短縮されたのである。まさに授業全体のコーディネーターとしての教員の役割が問われたのである。

　2014年になってさらに準備時間が短縮された。もちろん、実際の打ち合わせ以外にも、教員とのメッセージのやりとりは頻繁であり、CTだけのスカイプ会議も開催されることがあるにせよ、精神的な負担感はかなり軽減されたはずだ。この授業を実施する場合には、授業全体を俯瞰する授業のプロデューサーとしての教員の役割が問われるのである。

　CTが授業に参加することによって、教員の役割は変わった。授業では、学習活動に教員とCT、CTと学生、教員と見学者など多様な社会的文脈

が組み込まれているし、学内と学外との境界も越えやすくしているため、教員の役割はこれらすべてを統括するプロデューサー的な役割となった。教員は教えることに集中するのではなく、多くのステークホルダーを含めた授業全体をスムーズに進行させる新しい役割が求められているのである。

　ある見学者は、「この授業では、教員は光ではなく、空気になることですね」と形容してくれた。つまり、かつての授業では、教員から学生への知識提供が主体なので、すべてが教員から始まることを「光」と形容した。それに対して、この授業では、CTが前面に出て光となり、教員は授業の舞台裏を支える目に見えない「空気」となるのである。もちろん、事前にCTと教員とは綿密に打ち合わせしているので、誰が教壇に立ったとしても授業運営上の混乱はほとんどない。むしろ、教員一人が授業するよりも、何名かのCTがチームとして機能すればはるかに効果的な授業が可能になる。そういう大きな可能性を秘めた仕組みである。

　ただし、教員にコーディネート力が求められることは、この授業だからではなく、むしろ教員一人だけの授業でも必要であるはずだ。つまり、かつては専門分野の知識を提供することだけが教員の仕事と思われていたが、今後の授業では、社会の中で活用可能な知識・スキル・コンピテンシーの育成が必要である。そうした学びをおこなうためには、授業という孤立した閉鎖環境ではなく、たえず社会との接点を求める必要があり、当然ながら学外の人材やリソースなどとの連携も不可欠になる。このようにこの授業で取り組んでいることは、今後多かれ少なかれ他の授業でも広がっていくであろう。

　2013年前期に参加してくれたCTは、京都府北部でまちづくりをしている20歳代半ばの女性、地域のまちづくりに関わっている大学院生、長く教育支援に関わってきた大学四年生の三名であった。後期は、アフリカでHIV予防啓発活動していて、4月から中学校英語教師になる男性、30歳過ぎで運命学を実践する男性、高大連携授業に関わっていた女子大学四年生、学生主体のフリーペーパー副代表だった大学三年生男子の四

名が参加してくれた。CTとして参加してきたメンバーはいずれも意欲も能力も高い人材であり、彼らが前面に出て授業を担当してくれた。CTは、授業アシスタントではなく、まさに教員がおこなうべき仕事そのものを担っていたのである。専門的な知識や思考方法を教えることは教員が担当するとしても、それを学生にどのように伝えて学生がどのように学び合うのかという教授法に関しては、教員よりも、CTの方がはるかに優れている。学ぶ側がどのように学ぶのかという視点で考えた場合、当事者に近い視点から教えた方が理解しやすいのである。しかも、CTは単独ではなく、たえずチームとして行動しているので、うまく機能しない学生チームがいれば、すぐにフォローすることができるのである。このようにCTは、教員の役割と同時に、教員ではできない役割をも担うことができるのである。

　学外からの授業参加者としては、CTとは別に見学者もいる。普通、授業見学者といえば、授業を遠巻きにした観察者的な役割をすると考えられている。しかし、この授業では、見学者も教員、学生、CTと同じく授業にできるだけ参加してもらっている。見学者の多くは、企業研修講師、キャリアカウンセラー、大学教員、高校教員など対人コミュニケーションの専門家である。教壇の前で授業担当者（教員とCT）が授業を進行していても、グループワークに入ると、個別グループの個々の動きまでフォローできていない。そこで、見学者にグループに入ってもらって、学生の動きをしっかりと観察してもらうことで、受講生全体の動向がわかりやすくなる。ただし、グループに入る見学者は、原則的には、学生の言葉や行動を見守る役割に徹してもらっている。学生の学びがどういう変化をして、成長していくのかを観察してもらうことで、学生自身の自発的な学びを促進しているのである。

　こうしてCTは、授業のファシリテーターとして学生が安心して学べる場を創り、グループのダイナミズムを活用しながら、学びの共同体を創ることに尽力する。見学者は、グループ内や個別学生を見守る役割を担いながら、学生の学びを促進する。このような見学者という学外の授

業参加者にたえず見守られながら、学生は授業を受け外部の方とのやりとりを通じて学びを深めていくのである。

　この授業の中では、学生の役割も変化していく。当初、学生は、他の授業と同じく、授業を受ける存在として参加していたが、授業前後の授業準備に関わりはじめ、授業後におこなわれる授業FB会(Feed Back: 授業振り返り)に参加して、徐々に能動的に関わりはじめてきた。そして、2014年後期の授業では、CTと一緒に授業のワークを考え、授業のファシリテーターとして登場した。このように学生は、当初の授業を受ける存在から授業を創る存在と変化していき、他の学生をリードするようになってきた。もっとも、すべての学生がこうした役割の変化を経験するわけではない。出欠状況が不安定であり、学習意欲の芳しくない学生も少数だが存在している。彼らが授業に入り込めない理由は、おそらく授業外にあるのだろう。

　そもそも学生の学習動機は、学ぶことが好きだからという内発的な要因だけで学び始める学生は多くない。むしろ、単位修得につながるとか、実際に役立つという学習の功利性で学ぶ学生が多い。また、一緒に学習している仲間や教員、CTとの関係が深まることで学びに向かうこともあ

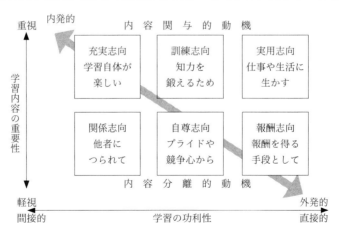

図3　学習動機の2要因モデル

出典：市川伸一（2001），『学ぶ意欲の心理学』，PHP研究所，p.23

るし、他人との競争によって意欲が高まることもある。市川伸一によれば、「学習動機の2要因モデル[1]」という学習内容の重要性と学習の功利性という二つの軸で六分類できる学習者を想定する必要があるとのことである。

　低学力層や学習意欲の芳しくない学生は、図下段の内容分離的動機に基づいた動機から出発して、徐々に内容関与的な動機を高める方向に向かう必要がある。その意味でも、学生チームを創るというのは必ずしも学びにストレートに結びつかない学生をチームの関係性の中で学習意欲を高める有効な手段である。特に、関係志向や自尊志向の強い学生にはチームビルディングが機能しやすい。

　他の授業では、どちらかというと、高学力層や学習意欲の高い学生に焦点が当てられてきた。けれども、この授業では、高学力層や学習意欲の高い学生は、授業を受ける側にとどまらず、教員やCT、見学者と同じように、授業を創る側に回り、低学力層や学習意欲の芳しくない学生は、チームの中で学びが育っていくのである。このようにこの授業はすべての学生の学習状況に対応した形で組まれているのである。

　以上、CT、見学者、学生、教員という授業に関わるすべてのステークホルダーが、これまでの役割から脱し、同時に、新しい役割を担うことで授業における学習コミュニティを創っているのである。

⑵見学者による授業評価

　第三の特徴は、見学者が学生による授業評価をおこなうことである。大学でおこなわれている授業評価といえば、学生による授業評価アンケートである。平成23年度文部科学省の調査[2]では、学生による授業評価を実施しているのは708大学であり、大半の大学で実施されていると言ってよい。大学によっては、ほぼ全授業で実施されており、評価者である学生は、履修している授業（毎期10〜30授業）すべてで記入することが求められているため、10回以上も同じ形式の単調な評価に回答することになる。また、たとえ改善提案を記入しても、教員からのフィードバック

までに時間がかかるために、学生は本当に改善が実現されるかどうかを疑問視している。そのため、極めて短時間に通り一遍の回答だけを記載しているのが実態である。その結果、アンケート結果自体が必ずしも実態を十分に反映していないのである。

こうした授業評価アンケートが授業改善にうまく活用されていない現実を根本的に転換するためには、学生、教員、学外からの授業参加者にとって、評価と授業改善とがつながっていると思われることが必要である。そこで、より実態を反映しつつ、学生に対して教員からのフィードバックをすぐに返せる方法として、見学者による授業振り返り（リフレクション）[3]を導入している。実施する時には、教員やCTなど利害関係者を退室させて、見学者と学生だけで実施し、コメントは匿名でおこなわれる。これは、教員やCTが教室にいる中では、学生は自由にコメントを書きにくいということを考慮したためである。

授業振り返りは、各モジュール最終週に計3回実施した。見学者の中から、振り返りのためのファシリテーターを一名お願いしたが、これまで大学職員、大学教員、研修講師、高校教員など多様な職種の方に協力いただいた。振り返り担当者は、それぞれ独自の手法で振り返りをおこなったが、学生が意見を匿名でポストイットに書き出し、そのコメントが第三者に伝わるかどうかを学生同士で点検してもらうことと、授業終了後に、見学者、教員、CT、学生有志が集まって、それらを分析することは共通している。

この手法のメリットは、授業終了後に匿名で寄せられた学生の意見が関係者全員にすぐに見られて、誰でもが意見を言うことができることである。また、授業担当者に対する要望が寄せられた場合には、翌週までに授業改善策を学生に迅速にフィードバックできることである。通常、大学で実施しているアンケートでは、回答結果が教員に届くまでには数週間以上かかるため授業に反映することが難しい。ところがこのやり方だと翌週に改善可能である。教員が学生の意見を受け入れてすぐに改善するという姿勢は、学生が授業評価することに意味を見いだすことがで

きる点で学生の学習意欲を促進する。これによって、評価する学生と、評価される CT・教員という対立的な関係ではなく、CT、教員、学生、学外からの授業参加者が互いに授業改善する学習コミュニティとして責任を共有することが可能となる。

　授業振り返りは、15 週の授業内で、モジュール毎の最終週 (6 週、10 週、15 週) に計 3 回実施する。一般に授業とは、教員が学生に知識を教えることと考えられている。そのため、教員のインプットが大切という固定観念が根強い。しかし、たとえ教員が学生に知識を提供したとしても、学生がどれだけ理解できたのかはわからない。また、さらに、学生が知識を得たとしても、それを現実社会の中でどのように活用していくのかも問われなければ、それは生きた学びではない。

　つまり、授業振り返りとは、教員がどれだけ教えたかではなく、学生がどこまで学んだかを把握することである。モジュール毎の振り返りにおいて、学生が何を学んだのか、どう活用しようとするのかについて、学生自身がアウトプットすることこそが学びの現状を最も表している。その意味では、モジュール最後の授業振り返りとは、学生の経験が深く理解され、それが授業外でどれだけ活用されるのかを示すものである。

　こうした学外者による授業振り返りは、学生、教員、CT、見学者など多様なステークホルダーが関わることによって、学生による授業評価アンケートよりも学生の学びの現状を評価できる点で、大きなメリットがある。ただし、学外者による授業振り返りは、大学全体の包括的な実施ではなく、ある特定の授業や授業群に限定して実施することが最も効果的である。このようにこれまでアンケート以外の選択肢がほぼなかった授業評価であるが、学外者による授業振り返りによって学生自身が授業改善できるという新しい可能性が広がってきた意味は大きい。授業をオープンにし、学生、教員、CT、見学者などがフラットな関係でつながることによって、未来の学びに向かう実践が始まったのである。

(3) 授業に対する質問に答えて

　以上、この授業の三つの特徴について述べたが、そのユニークさ故に理解しづらい点もあるようだ。そこで、この授業について多くの質問が寄せられている中で三点に絞って答えていくことにする。

　まず第一の質問は、授業に、20歳代のCTや多様な世代の見学者が入る効果はどういうものかである。授業開始当初は、まだ学生同士もうまく関係性が築けていない上に、学外者が教室にいることの違和感を感じている学生がいることも事実である。2013年前期授業第6週目の振り返りでも、1割の学生が見学者の存在に違和感を感じていた。しかし、その後は見学者に対する違和感はほとんどなくなった。これは、対人コミュニケーションの専門家である見学者が学生の側に寄り添うことによって、学生にとって最初は外部者と考えられていたのが、親しくなるにつれて徐々に内部者と変化していった。それによって、学生の仲間となったり、学生の学びの支援者となっていったのである。

　教員やCTとしては、専門的な知見と経験を持っている見学者の参加は非常に心強い。見学者がグループ内に入ることで、教員一人では個別学生やグループ内への対応に行き届かなかった点を改善し、異なる視角から学生をフォローをしてもらえるのがありがたい。学外からの授業参加者が授業に参加することで、教員と学生という閉鎖的な環境ではなく、授業と社会とをつなぐ視点から学びを考えることができ、結果的に学生の学びが促進されるのである。

　第二の質問は、どのように成績評価をしているのかである。大学の成績評価は、授業終了時での学生の到達段階を測定する、最終試験、レポート提出、出欠状況が多い。しかし、これでは授業当初から最終までのプロセスの変化がわからない。この授業では、毎週の学生によるリフレクションシートと授業担当者の記録に基づく形成的評価をおこなっている。課題提出状況とレポート提出は簡単に集計できるが、リフレクションシートによる変容については、学生の成長を常にフォローしているCTと相談しながら、最終的には教員が決めている。CTは、教員が気づかない、

学生全員の動向を把握しているからである。2015年度現在、この授業のようなアクティブラーニング型の授業での学びが授業外で活用されるために適しているとされている形成的評価を導入し、それを数値化するための評価基準と到達レベルをマトリックス形式で示すルーブリックを導入している。詳しくは、お問い合わせください。

　最後の質問として、半期毎に新しいCTをどのように集め、その人物評価をどのようにしているのかである。多くの場合、フェイスブックやブログ、メーリングリストなどでの告知や研究会その他で出会った人が希望してくる。最近では、見学者やCT経験者から紹介されたり、事前に授業見学してから希望する方も増えている。授業公開とCT募集とがリンクしてきている。こういう場合、普通だと、学外から募るのではなく学内者から探すのだが、私はあえてそれをしていない。というのも、例えば学内学生・院生だと私が上位者となる可能性がある。CTと私は、上下関係や雇用関係ではなく、互いの思いを共有する関係でありたいと思っているので、学内者は見学者に回ってもらってCTにはなれない。

　また、CT希望をする初対面の方に対する人物保証や能力評価をどうするのかという質問もよく寄せられる。もしそぐわない方の場合どうするのかという懸念である。確かに懸念もわからないではないが、CTの職務は、15週間毎週大学に通い授業準備や授業運営するというかなり厳しいボランティアである。さらに、対人関係に優れた能力を持つ人材でないとこの職務は務まらない。そのため、力量的に不十分であったり、対人コミュニケーションで問題を抱えてたりするような人材は応募してこない。その意味では、志が高くて協調性が強く同時にリーダシップが発揮できるタイプしか応募してくる可能性がないのである。

　「もしやっかいな人が入ってきたらどうするのか」というリスクヘッジは大切であるが、何かを始める際にまずリスクから考えるとすれば何も生まれない。それ以上に大切なのはこの仕組みに魅力を感じて、能力を発揮してくれる人材をどのように活かすのかということである。もちろん、だからといって必ずしもオールマイティーな人材である必要はない。

あくまでもチームとしての連携が重要であり、相手のいい部分を認め合いながら、自分が貢献できることが大切である。

最後に、本節のまとめとして、以下の点を指摘したい。授業に学外の授業見学者やCTが加わることで、これまで教員一人では不可能であった、大講義における学びの広がりや深さを追求することができた。学生は、教員だけでなく、CTや見学者という教員と異なる文脈を持ったステークホルダーの中で学びを促進される。もちろん、この授業のユニークさを肯定するとしても、どの教員も学外者を入れた授業を実施すべきということを意図しているわけではない。学内の学生や教員などの他者と取り組むことも意味がある。しかし、学外の授業参加者が入ることによって、教員と学生との固定的な役割を変えていくことが可能となり、学びの枠組みが決定的に変わり、これまでとはまったく異なる新しい学びが生まれたのである。

次節以後では、それらについて、授業に参加した多くの方々から実体験に基づく解説がおこなわれる。授業の授業全体のコーディネーターである私の言葉よりも、そこに関わった当事者の言葉こそがより客観的な証明となるであろう。

注

1 市川伸一(2001),『学ぶ意欲の心理学』, PHP研究所, p.13
2 文部科学省「平成23年度各大学における教育内容等の改革状況等について」http://www.mext.go.jp/a_menu/koutou/daigaku/04052801/__icsFiles/afieldfile/2014/03/10/1341433_03.pdf,pp23-24,2014/6/5
3 このリフレクションで採用されているMid-term Student Feedback (MSF) については、以下を参照のこと。佐藤浩章(2009),「FDにおける臨床研究の必要性とその課題―授業コンサルテーションの効果測定を事例に―」『名古屋高等教育研究第9号』, pp.188-196

2．授業に関わるステークホルダーの役割と機能

役割1：授業協力者（Creative Team: CT）

(1)共創感のある授業――「受ける」授業から「創る」「共に創る」授業へ――
桑原恭祐（2014 年前期，CT，社会人）

　私にとって長年、授業とは「受ける」ものであった。
　これはほとんどの人にとって当たり前であろう。私の母校は関西のマンモス大学であった。500 人以上の学生を収容できる大教室では、前の方に座り前のめりで熱心に授業を受けている学生はごく一部に限られる。ほとんどは出席点目当てで来ているので出席率だけ見れば安定はしているが、しかしそれは意欲があるというよりは義務感で仕方なく来ては、90 分無理やり座らされているといった感じであった。だから、私語の問題が絶えなかった上に、ひどい時は後ろの方で隠れて DS や PSP など携帯ゲームで対戦しているやんちゃな連中も見られた。
　そもそも授業を「受ける」姿勢すらできていなかったのである。これはなにも学生だけが悪いのではなく、教員にも責任がある。「受けたい」と感じさせるような授業ではないと思う面もあった。
　そして、このことは人並には意欲を持って勉学に励もうと思っていた私にとっては耐え難い退屈な環境であった。私自身の意思の問題もあるが、大学が学びたい環境とは感じられなかったからである。だから、必要な単位をほとんど取り終えた上で 3 年生の秋から私は更なる成長の場を求めてキャンパスを飛び出してしまった。そこで、学生団体なるものを結成して色んな他大学の学生や様々な大人とつながり、その活動が私の大きな学びとなり、後述の独自のキャリアにつながっているのである。
　こんなことを書くと母校から苦情が飛んできそうで少し心配であるが、

これが大学に通っていたころの実際の光景であった。そして、このような問題は今も尚多くの大学や教員を、何より学生を困らせているのではなかろうか。

　大学を飛び出して3年ほど経った2014年春、私はCTとして大学の教室に帰ってきた。ここでは、私が2014年前期CTとして授業づくりに携わった半年間の経験を通して強く確信を心得た事柄を中心に述べていく。それは、この授業モデルが、次の未来をいち早く創るような革新的な取り組みであり、ここにある出逢いや発見、創造の喜びが学生一人ひとりの行動や人生を好転させ得る可能性が大いにあることである。そんな新しい授業や教育の未来を皆様と「共に創る」鍵がこの授業にあると確信したから筆を執る次第である。

1　動機・きっかけ

　きっかけは、友人の紹介で2013年1月に筒井さんが非常勤講師を務める授業を見学したことであった。第14回目の授業で、学生がグループワークの成果を発表する大詰めの回であった。学生が自分たちのグループの活動を堂々と発表していることに衝撃を受けたことを今でも覚えている。「こんな授業があるんだ！」心が躍った。前述通り、大学に絶望してキャンパスを飛び出した私にとって、これは大きな驚きであった。なぜなら、50人以上もの大人数で「こんな授業ができるはずがない」と思っていたからである。当時の私が描いていた「こんな授業」と言うのは、教員と双方向のやりとりを通して一人ひとりが意欲的に学んで主体的に行動する少人数のゼミのように濃密な学びが得られるような授業であった。これなら出席点を取らなくても面白がって授業に参加して学んでくれると思っていたが、どう実現するか方法論までは当初の私は見当もつかずにいた。そんな時に出会った筒井さんはどうやらこれを実現しようとしていると感じた。

　そこで私は、後日筒井さんがフェイスブックでCTを募集しているのに応募して話を聞くことになった。筒井さんの話される構想を聞き、「新

しい」「面白い」「珍しい」ことに反応する私のアンテナが、まさにこれだ！と嗅ぎ付けたのだった。

　これまでの社会では、金銭的なつながりや上下関係で動く領域が多かった。これに対して筒井さんが実現しようとしている未来は、「思い」や「共感」で動く領域であった。そんな目指すべき未来を先取りして先鋭的な教育を実現しようとする授業モデルに興味を持ち、私はCTを希望し担当させていただけることになった。

　その「型」を学び、授業モデルを体得し自分も未来の創り手になるためである。この判断は、この事柄に限らず私が人生スパンでキャリアを描く上でも一貫した確固たる判断軸である。

2　桑原のパーソナリティ

　私個人の話であるが、大学4年生時に主宰していた「ショコラカフェ」というワークショップイベントには毎月30〜100人もの人が集まり、利害や世代などの垣根を越えたつながりやシェアを、時代が求めているという確かな手応えがあった。2011年の3.11以降、フェイスブックやシェアハウスが流行り出す、その年の世相を表す漢字は「絆」であったことからもその現象には時流を感じた。いろんな情報を収集し未来を覗いて見ると、企業の器に囚われず、自分らしい個性や才能をフルに活かした自分らしい働き方や生き方ができる人が社会をダイナミックに動かす時代が来ると確信し、先取りする決断をした。結果として、2013年の卒業直後から無謀にもフリー（ター）として生き始めたのである。

　それからは同じく未来志向のリーダー人材の育成を志す教育コンサルティング会社の創業に携わり、販路開拓や人材採用をしながら自らも研修講師として全国で活動していた。私は未来に見えたビジョンを現実でいち早く実現することを追い求めているようだ。シンプルに言うと、少し先に見えている面白い未来を、仲間と共に創りたいのである。

　なので、周りに叩かれながらも先鋭的な取り組みを先導する筒井さんの姿勢が、次の未来をいち早く創りたいという私のイノベーター気質に

共鳴したのである。

3　はじめは何を目指したのか？

　授業を実施する京都精華大学人文学部の典型的な学生像は、内向きで自分の知らない環境や世界に飛び込んでいくことが滅多にない大人しい感じである。授業当初はあいさつしても返事が返って来なかったり、短い自己紹介でも人と話すことにとまどったりと、対人コミュニケーションにも若干難ありな学生が多く見られた。

　そんな受講生が、チームや学外の人との学び合いやディスカッションなどを通じて現代社会で必要とされるチームでの問題解決に取り組む能力を養い、コンフォートゾーン（慣れ親しんだ環境や人間関係）から一歩踏み出す行動や挑戦を引き起こすことを目指した。すなわち、15週の授業が終わった後に、自ら考えて動き出す主体的な実践ができる学生を何人送り出せるかが命題であった。

　このゴールに対して、自転車をこいだことのない学生が一人で自走できるようになるようなイメージを持った。授業初期は、協力者みんなで学生の後ろを持ってあげて補助輪をつけて手厚くサポートをするが、徐々に補助輪などを手放し、最終的には自転車に一人で乗れるようになるプロセスがあると感じた。

4　CTの役割

　上記のゴールを実現するため、学生が学ぶ土台をつくり、主体として活動する舞台作りがCTの役割である。メンバー構成は、他大学でキャリアデザイン授業の補助を担当する学生が2人、大学教育や地域活性化、アートやボランティアなどの分野で活動する社会人が3人と私の混合チームで、計6人であった。教員は授業運営において全体の責任を持つが、授業では1、2回で教壇から降りて姿を見せなくなり、授業の現場や内容はCTがすべて責任を持つ。CTは授業のアシスタントではなく、授業そのものを担うのである。

全体的には、学生の意欲や学びを膨らませることに焦点を当てて、授業のシラバスや毎回のワークの内容を企画・立案し、全15回の授業を実施する。毎回授業の現場では、ワーク進行を担当するメインファシリテーターの役割、時間管理や教員との間で授業の調節を行うディレクターの役割、学生と同じ視点で寄り添い積極的に働きかけ一緒にワークを楽しむ役割などが挙げられ、その他業務全般や場に合わせた臨機応変な対応など、CTの役割は非常に多岐に渡る。学生にとってCTは、同い年か少し年上くらいの年齢なのでちょっとしたお兄さん・お姉さんのような立場であろう。

通常の授業の構図［教員―学生］の間にCTという存在が割って入る意味合いは非常に大きい。CTが、シラバス通りに無機質に進む授業を解体し、一連の授業を通して徐々に学生と「つながり」を醸成し、その「生の声」を汲み取ることができるからである。学生と有機的な関係性を構築しやり取りを活発化させることで、各々の学生の現在地を確認し成長目標に合わせた授業を運営できる。これこそが、この授業の鍵を握るCTという存在が果たす大きな役割ではなかろうか。

5　学生のためにシラバスをも変える

授業当初のモジュール1は、CTと学生やCT同士、見学者などお互い要領を得ないまま授業を進めるあまり、お互いに不信感を拭い去れなかった。私たちは、学生とCTの心の距離がまだ近づけていないという課題に気付いた。そこで行ったのはシラバス変更の断行である。実際第4回目の授業は、「（もとは失念）」から「CTと学生が更に密接になる」という目的・テーマへと変更された。また、CTがファシリテーターをできなくなるため急遽ピンチヒッターとして気心の知れた見学者が代行で一役買ってくれたこともこの授業の面白いところである。具体的な中身は、授業前半はCTが学生へ自分自身のことをプレゼンし、後半は学生が興味を持ったCTのブースへ足を運びグループを作ってお互いに話し合うといった内容であった。ただ単調に話し合うだけではつまらないため、テレビ

番組ごきげんようのサイコロトークを取り入れ実際にサイコロを振っていくつかランダムに話すテーマを楽しく設定したためか、なごやかな雰囲気で進めることができた。CTと学生が対話する初めての機会が得られた授業となった。

このように各授業では、CTがそれぞれ独自の授業を考案し実施していった。

6　難しかったところは何か？

授業を"毎週""ゼロから"準備するのは、困難を極めた。限られた時間の中で、特にCT内で意見をまとめるのが最も難しかったと思う。

準備に際して、授業設計（内容や目的の擦り合せ、スライド作成、内容確認など）や各ステークホルダー間の連携など毎週準備にかかる業務は多岐に渡った。またCTは皆、本務として別で仕事や大学があり重宝される存在なので、特にCT同士の擦り合せやチームビルディングには、時間が足りなさ過ぎた。仕事の繁忙期が重なり途中で授業に参画できなくなるCTもいた。私自身も、授業直後に夜行バスに飛び乗って東京や名古屋へ向かうことも多く、CTの業務が手つかずになってしまうことも多々あった。

こうして目先の業務に追われると思考が短絡的になり、授業が学生にとってはただワークやゲームを消化する「楽しいだけ」で終わり、次第に「楽しくない」授業になりがちであった。徐々に退屈する学生や不信感を持つ学生が現れ始め、「CTが暗い」という意見まで出るほどの惨状であった。学びある授業設計や学生の成長目標に対して意見が割れ、各モジュールや授業ゴールへの見通しが立たたなかった。包み隠さず言うと、CTではこの課題を乗り越えることができなかったのである。

7　大切なことはみんな学生から教わった

モジュール2の最後の授業、私たちは、私自身やCTの役割をはき違えていたことに気付いた。CTが各ステークホルダーの意見を汲み取り、

CTがすべてまとめて、CTがすべて授業を創る…すべてCT内で完結させようとした結果、問題が山積みになり解決できないほど膨れ上がってしまった。モジュール3をどう設計すればよいか、霧がかかって見えずにいたのである。

この問題に突破口を拓いてくれたのは、FB会（Feed Back：授業振り返り）でのとある学生の一言であった。

「グループワークってただ仲間つくって楽しいだけで終わっていいんですか？ もっと課題やテーマがあってみんなで協力して取り組んでいくもんやと思ってました。そういうのはしないんすか？」

普段FB会に参加しない子が、このことを伝えるために意思と気持ちを持ってFB会に初めて参加してくれたようである。

他にも「もっとグループで緊張せず発言して、意見をまとめられるようになりたい。」「今回のチームでは失敗したから、次のモジュールではできるようになりたい。」

モジュール2最後のリフレクション会（モジュール振り返り）では、学生が授業への更なる改善要望や自らの成長目標を実施前よりはっきりと発信してくれるようになった。このことは私たちにとってありがたく、それが大きな道しるべになった。

モジュール2はコミュニケーションツールを多用したり、見学者の方々には学生チームに深く入ってもらったりと補助輪をいっぱいつける感覚があった。しかし、意欲的な受講者は既に自ら考えて意見を発して行動できるようになっていたのである。学生の向上心の行く先をくみ取ることで次の行き先を教えてもらった。この姿に頼もしさや感動を覚え、もう補助輪が無くても手放しても大丈夫であると確信した。

ここで私は「共創感」という感覚を覚えた。受講者やCTが力を合わせて本当の意味で"共に"授業を"創る"という"感覚"が持てて、私の心持ちや行動が変わったのもここからであった。授業は、自分たちCTが創るのではなく、CTも学生も含め教室にいるみんなが「創り手」になっていた。教員－学生の一方通行モデルでは到底できない「共創感」があるの

がこの授業である。

　モジュール3は、もらった意見や改善点を踏まえて設計し、「(ある程度)自由研究」というテーマで受講生がチームで取り組みたいテーマや解決したい課題を自由に発想して取り組んでもらった。ツールもなく見学者も席から外れてもらいチームを学生たちのみにした。驚きだったのが、こうして「手放す」ときが最も学生のパフォーマンスが高かったのである。ブレストでは予想以上にたくさんのアイデアが出て、メンバーを気遣いながら意見をまとめて、チームで自発的集団的実践をしていたのである。そこには授業当初とは見違えるほどの学生のイキイキとした姿があり、協力者のサポートがほとんどなくても多少ぎこちないながらチームで支え合い、プロジェクトを進められるようになっていた。最後の発表では、アイデアだけでなく、インタビュー調査など実践して得られた成果をパワーポイントや配布物にまとめて自信を持って報告してくれた。精華大学らしくアニメをもじったような個性あふれる表現や、授業当初はおどおどしていた子がチームをまとめて相当な努力量が伝わるほどの配布資料やプレゼンを作成し、ハキハキと発表していたりと、初めとは見違えるような姿がそこにはあった。

8　授業を終えて

　CTとして15週間学生に関わって感じたのは、生みの苦しみが大きかった分、生みの喜びもひとしおである。率直に言うと、一連の経験の中でかなり四苦八苦することが多く上手くいかないことのほうが多かった。自ら考えて実践できるような学生を送り出すという当初の授業目標がどこまで達成できたのかも定かではない。

　ただ、15週間の関わりを通じて目に見えるほどの驚くような成長や変化を遂げた学生が少なからずいることはたしかである。学生の成長が目覚ましく私たちの予想を超える成果が多く見られ、これまでの教育で培うことが難しかった学生のチームでのコミュニケーション力や主体性を引き出すことが幾分かできたと実感している。通常の授業では、ふたを

されたまま発現することはまずない。彼らの閉ざされた個性や能力のふたを開けられたのは、間違いなく革新的な授業モデルの恩恵とそれに関わる様々な授業協力者のおかげであろう。

9　授業の価値

　受講生にとってこの授業にしかない価値は、ここにある出会いや発見、創造を通じた楽しみや喜びが学生一人ひとりの行動や人生を大いに変容させ得る可能性があることである。多様な仲間や社会人との刺激的な出会い、チームでの学び合いを通じた新たな発見が学生の意欲を引き出す。単に知識をインプットするのではなく、自分や他人と向き合うグループワークを中心としたアウトプット経験を通じて智恵を体得するのである。そこから学生を中心に新たなアイデアや実践が生まれ、時には難局も乗り越えてプロジェクトが創られていく。自らの想いややりたいことが成就する生みの喜びは何にも代えがたい。更には、FB会やリフレクション会では授業に対して述べた意見が反映されるなど、より「創り手」に近いポジションで関わる道も望めば用意されている。授業外でも例えば、授業に来たプロ研修講師の見学者一人と関係性をつくりその人の仕事の現場を見学したり授業外でもお茶友達になったりできれば、学生にとってはそれだけで新しい世界が開けるのではなかろうか。授業はそうした他では得難い環境に飛び込む機会の宝庫であるとも言える。それがほんの一握りの優秀層だけでなく、学習習慣の低い学生であっても誰にでもオープンに開かれていてアクセスしやすいことは非常に大きな価値である。

　学生から教わったのは、モジュール2に関して述べたように楽しいだけでは学びにならないということである。しかし、そもそも楽しみがなければ学びが成り立たない。楽しいだけの時間を学びに昇華させるには、以上のように当人の想像を超える出会い・発見・創造がもたらす驚きや感動が必要と考えられ、それが学生の意欲を掻き立て自発的な学びや成長につながるのである。

10　未来の教育

　私は 15 週の一連の経験を通じて、この授業が見据えている「未来」における新しい教育のあり方に大きな可能性を感じている。

　［教員―学生］という画一的で学生が孤立しがちな授業に、CT のようなファシリテーター人材が割って入り、仲間やチームができて、特色のある学生や社会の現場を持っている大人が外部から見学者として参画する授業モデルが、私には、「未来」で実現すべき社会の縮図に見えたのである。学生の持つ「思い」や「共感」の力を中心に、利害や上下関係などあらゆる垣根を超えて多様な人が束となり、地域や社会、引いては世界を動かすのが今後のトレンドとなってくると確信している。これが私のキャリアの決断や CT を志望した決め手でもある。CT も見学者もボランティアであり、金銭的報酬はない。父親には「大学の教員というのはいくら儲かるんや？」「授業して報酬なしとか騙されているやろ(笑)」と罵られることもあった。しかし、教員の権力に従わされているわけでもなく、私は自分事として CT を志望し、他の協力者も学生や教育のためにと授業づくりに参画していた。

　学生の期間は、人生の中で時間の自由がきくので望めば何でも挑戦できる可能性あふれる期間である。ただ、お金や経験値が足りない。そこで「学生の学びや成長」という共通の目的に焦点を合わせて、多様な関係者が不足を補い支え合いながら学生の秘めている想いや力を引き出しカタチにしていくことが求められる。そのために、このように現在流行しつつあるクラウドファンディングを WEB 上だけでなく現実でも実現し、かつ見返りやリターンを求め過ぎないような良心に従った支援の仕組みが社会の中に必要である。この「共創感」が波紋のように広がっていく台風の目には、平成生まれの学生がいる。こういった先を見据えた教室や教育の場から、創造性や主体性あふれる「未来の創り手」が育まれてくることを大いに期待している。

コラム④ あいさつが授業に入るチェックイン―名札係の重要な役割―

水口幹之（2014年後期，CT，学生）

　「グループワーク概論」形式は毎回の授業が実験です。受講生の学びを引き出すためにどんなことができるか、教員、CT、見学者の試行錯誤が続きます。そんななかに、授業運営者が意図しないところで、思いもよらぬ効果を示してくれた、とある係があります。それは名札係です。グループワーク型の授業なので、教室にいる人は名札をつけるようにしています。基本的に名札は回収され、次回以降も同じものを使います。名札係はその名札を手渡すという役割です。

　係の人が必ずそこにいるということが大きな意味があります。この授業形式では毎回コンテンツが異なります。運営の仕方にもよりますが、ファシリテーターも毎回異なります。当然、見学者も回ごとに違う方がいらっしゃいます。ですから、教室はいつも不安定な、一定しない環境といえるでしょう。そうした中で、名札係の意外な役割が出てきます。

　それがあいさつです。名札係が必ず、挨拶をしてくれる。毎回同じ人が出迎えてくれるというのが大切です。顔と名前を覚えてくれる人が、挨拶をしてくれるということはつながりの原点といえるでしょう。彼から名札を受け取ることがその授業へのチェックインになります。気持ちをこの授業に向けていくきっかけとなるでしょう。

　CTや見学者がこの役割に入ることが重要です。受講生や見学者の顔と名前が覚えるのは当然ですが、受講生の変化を間近に感じられるためです。例えば学期始めの授業では挨拶を返してくれる学生はそれほど多くありません。ですが、回を経るごとに自然とその挨拶ができ、さらに「今日の授業、なにするんですか」と質問してくれます。今回の授業ではCTと同じように授業運営に参加する受講生も数名いました。また授業後に開かれる「振り返り会」にも受講生が参加し、積極的に意見する場面も見受けられました。

　もう一つの役割は、授業へのアシストです。いくら授業とはいえ、遅れて教室にやって来る受講生、見学者が少なからずいます。グループワークで展開していく授業は、最初からいれば、流れがスムーズにできますから、違和感なく入って行くことができます。しかし、途中から来ると、教室で何が行われているのかわかりません。教科書のどこをやっているのか、などという

状態ではないからです。毎回授業の内容が異なるからです。

そこで名札を手渡す際に、今までの状況とどうワークに入っていけばいいかをアシストすると、ワークにスムーズに入って行くことができます。

以上の役割は、受講生の授業に向かう姿勢を整える効果があります。通常の大学の授業でしたら、着席して、時間になったら教師が受講生に授業の内容を語るというやり方が一般的です。こうした授業のやり方に慣れてしまった学生は授業に望む姿勢が受け身になりがちです。名札係は受講生の授業に臨む姿勢を切り替え、効果があるように感じられます。

名札を渡すという大義名分が受講生とのコミュニケーションにつながります。さらには授業に臨む構えを作り出し、推し進めます。そんな効果が名札係にはあるのです。

コラム⑤　パーソナリティー特性「ビックファイブ」

大木誠一

個人の動機・感情・態度・対人関係スキル・パーソナリティ特性のすべてが、協働的活動のパフォーマンスに影響を与える。これらが、グループワークにどのような影響を与えるか検証するには、事前もしくは授業の最初にこれらを測定する必要がある。

ここでは、2015年度に測定する予定になっている「ビックファイブ」モデル（McCrae and Costa 1987, Goldberg 1993）を取り上げる。これは、パーソナリティ特性について、近年、最も広く受け入れられてきたモデルである。これに含まれる五つの特性は、

開放性（Openness to experience）：美的・文化的・知的経験に開かれている傾向
勤勉性（Conscientiousness）：系統的で、責任能力があり、勤勉な傾向
外向性（Extroversion）：外的世界に向かっての興味やエネルギーの方向性
協調性（Agreeableness）：協調的なやり方で行動する傾向
神経症的傾向（Neuroticism）：急激なモード変化を伴う長期にわたる感情的不安定の傾向

である。Gosling, Rentfrow, & Swann（2003）は、この5特性を10項目で測定する Ten Item Personality Inventory（TIPI）を作成し、これを日本語化した

小塩真司等 (2012 年) は、日本語版 TIPI (TIPI-J) を完成させた。

2014 年度全授業終了後、筒井の授業にかかわるステークホルダーに、パーソナリティ特性の違いがあるかどうか確かめるため試験的に日本語版 TIPI (TIPI-J) による測定を試みた。対象は、教員 1 名、授業協力者 (CT) 5 名、見学者 3 名、学生 2 名計 11 名である。

質問項目

回答は、全く違うと思う、おおよそ違うと思う、少し違うと思う、どちらでもない、少しそう思う、まあまあそう思う、強くそう思う、の 7 件法である。

問いは次のとおりである。

私は自分自身のことを……

1. 活発で、外向的だと思う
2. 他人に不満をもち、もめごとを起こしやすいと思う
3. しっかりしていて、自分に厳しいと思う
4. 心配性で、うろたえやすいと思う
5. 新しいことが好きで、変わった考えをもつと思う
6. ひかえめで、おとなしいと思う
7. 人に気をつかう、やさしい人間だと思う
8. だらしなく、うっかりしていると思う
9. 冷静で、気分が安定していると思う
10. 発想力に欠けた、平凡な人間だと思う

測定結果

結果は、外向性＝(項目 1 ＋ (8 －項目 6)) /2、協調性＝((8 －項目 2) ＋項目 7) /2、勤勉性＝(項目 3 ＋ (8 －項目 8)) /2、神経症傾向＝(項目 4 ＋ (8 －項目 9)) /2、開放性＝(項目 5 ＋ (8 －項目 10)) /2 で、集計されている。

以下の表：パーソナリティ特性内の数値は、筒井以外は平均値である。それをレーダチャートにしたものが、図：パーソナリティ特性である。この結果は、測定人数が少ないため信頼できる結果ではない。しかし、授業協力者は外向性と開放性の数値が高く、見学者は協調性と勤勉性が高いなど、ステークフォルダー毎にパーソナリティ特性に違いがある可能性が示唆されている。このことから、2015 年度は、事前にパーソナリティ特性を測定し、授業

表 パーソナリティ特性の結果（日本語版 TIPI による）

	筒井	授業協力者	学生	見学者
外向性	5.5	6.4	5.0	4.3
協調性	5.5	4.9	4.5	5.8
勤勉性	4.0	3.9	3.5	5.5
神経症的	3.0	3.6	3.5	3.5
開放性	6.0	5.8	4.7	4.3

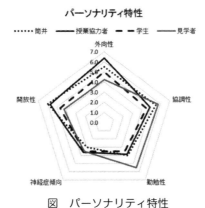

図　パーソナリティ特性

中の活動を評価した結果とあわせて分析する価値があると考えている。

参考文献

小塩真司・阿部晋吾・カトローニ・ピノ（2012），「日本語版 Ten Item Personality Inventory（TIPI-J）作成の試み」『パーソナリティ研究』第 21 巻第 1 号，pp.40–52，日本パーソナリティ心理学会

参考資料

Goldberg, L.R.（1993）. The structure of phenotypic personality traits. *American Psychologist*, 48, 26-34.

Gosling, S. D., Rentfrow, P. J., & Swann, W. B., Jr.（2003I. A Very Brief Measure of the Big Five Personality Domains. *Journal of Research in Personality*, 37, 504-528.

McCrae, R.R., and Costa, P.T.（1987）. Validation of the five-faCTor model of personality across instruments and observers. *Journal of Personality and Social Psychology*, 52, 81-90.

> (2) ちょこっと前にいる大人の視点から、授業に関わる大切さを伝えた
> ── 仲間を知り、共に成長する空間を創るための piece ──
>
> 出町卓也（2013 年後期，CT，社会人）

1　授業との出会い

「さっきの話、もう少し聞かせてもらえませんか？」

私が筒井さんに投げかけた言葉である。場所はなんと居酒屋のお手洗い。この日は某教育系 NGO の懇親会で、お互い初対面でした。しかし自己紹介を聞いて、筒井さんの大学の授業を魅力的に感じ、もっと話を聞いてみたいなぁ、と思っていた矢先、たまたま鉢合わせた場所でつい声をかけてしまった。何も用を足しながらでなく、席に戻って聞けばよいものだと後から思ったものでした。

しかし、これに変な顔をせず、すぐに対応してくれた筒井さんでした。「実はですね……」とお手洗いから席に戻り、お酒を飲みつつ話は延々続いた。筒井さんとのご飯は決まってお酒がそばにある。話は尽きず酒が尽きる。そんな関係がゆるりと続いていた。

このエピソードを見ても思うが、私はどうも関心を持ったことに対しては、いてもたってもいられない性分のようだ。中学生のころに見たテレビ番組でアフリカと国際協力に興味を持った。大学は自分の好きな勉強ができると聞き、それならば国際系を、ということで出身の神戸から長崎へ行ったのだった。ここで学生国際 NGO と出会った。前々からやってみたいことが詰まったこの団体に、大学生活の大半を費やした。アフリカの子どもを支援する活動に関わり、実際に渡航させていただく機会にも恵まれた。しかし、現地に立つと自分には何の力もスキルもないことに気づき、ショックを受けた。何かできるかもしれないという淡い思いはすぐに消えた。帰国後、就職活動が始まったが、私の心には心残りがあった。このまま職を得て働き出す前に、もう一度アフリカに行きた

い、それもできれば長く。そう思って私は就職活動を止め、活動できる団体を探した。そして卒業後、アフリカで働くための研修を受けるため、アメリカへ飛んだ。

　半年間の多国籍の仲間との共同生活を経て、私はアフリカ・モザンビークに降り立ち、1年間、エイズ啓発支援活動を行う団体に参加し、現地スタッフとともにコミュニティを巡った。前回の滞在時と比べ、より長い期間住むことができ、当時の自分ができることはできたが、専門的な知識はなく、活動を継続することはできなかった。その中で、私が関わっていきたいと思ったのは、子どもたちを成長させる教育分野だった。そこで一度自らも教員となり、日本の教育を知りたいと思い帰国し、教員を目指していた中で、今回の出会いに恵まれた。大学で始まろうとしている新しい授業スタイル、これはぜひ体験したい。知りたい。正直なところ、お酒の勢いもあったが、私は筒井さんに参加させてほしいと即返答した。

　教授と授業協力者 (Creative Team: CT) がともに授業を創る。3度に渡るモジュールの振り分けとその振り返り。何よりこれまでは学生という立場で関わってきた授業に、教える側として教壇に立つ…「聞いたことがない」授業構成ばかり。この未知なる世界へ飛び込むことが、CTの魅力の一つであると私は今でも考えている。

　また、学生時とは逆に授業を考案する立場に回ることも魅力の一つだ。学生の様子、授業の雰囲気がただ座っていただけの学生時とは全く違うものだった。90分の授業をいかに進めるか、前後の授業との関連、つけたい力、どのようなスモールステップを踏ませていくかなど、15週にわたる授業のプロセスを考えたうえで授業に臨む視点は、これまでの視えていた姿とは別の世界だった。

　さらに、現役の学生との学びの時間を得られることも大きい。大学を卒業し、社会人になった今では、学生と交わる機会はなかなか訪れない。これから社会へ飛び出す彼らとの会話は刺激が多く、昔の自分と姿が重

なり微笑ましくなることもあれば、時事情報などにおいて異なる考えを聞けることもある。授業での姿では、こちらが予期していない方向へと進んでいく姿や、最初は緊張していた発表を最後には大きな声でやり遂げる成長を見せてくれた。一方向ではない、双方向の学び。これもまた、大きな魅力である。

2　授業協力者(Creative Team：CT)ができること

私が考えるCTの役割とは、主に2点である。

①学生と教授の橋渡し

学生にとってCTとは、先生なのかそうでないのか立場が曖昧な存在と認識されている。教壇に立っているため学生のなかには「先生」と誤解している場合もあるが、教授のそれとは明確に異なる。この立ち位置は、学生と教授のおよそ中間地点に当たるのだろうと私は思う。そのため、教授よりも関わりやすい存在である。現に私は彼らから「くろちゃん」と呼ばれ、随分と軽い扱いを受けていたが、この扱いは授業前後の学生への声かけや、互いの人となりを知り合った結果であると私は思う。CTが学生と教授の間にいることで(図1)、教授はCTを介して彼らのことをより知る機会を得、また学生もCTを介して教授や授業を知ることができる。

これがこの授業を円滑に進めるファクターとなる。授業を行う空間に教授以外の大人が常にいるという点は、他の授業にはないオリジナリティーであり、学校という閉鎖的な環境で、社会人や他大学の学生と触れ合える機会を創出する効果がある。また、学校と直接関係のないCTとの会話も愉しい、という学生の意見から、参加が気軽になるという側

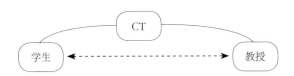

図1　CTの立ち位置

面的な効果もあるのではと感じている。

　大谷大学の授業 (2013 年前期) では、モジュール 1 で観察した学生の様子に基づいて、モジュール 2 でのチーム分けを行った。学部・性別・学年などの固有情報に加え、話し合いで前に出ていく学生、そうでない学生などを考慮した振り分けだった。そのため、くじで決定したモジュール 1 よりも、授業に慣れたことや休講なく行うことができたことで、各チームがよりまとまった内容の発表を行うことができたと思う。全員が発表の構成に一役買い、皆の前で意見の発表ができた。モジュール 3 では同じ CT であった占い師が陰陽五行説に基づくチーム分けを行った。五つの分類に二つの混合チームを加えた陣容だったが、同じ思考を持つ学生同士では、話し合いが弾まない場面も見られた。その CT いわく、予想とおりの展開だったそうだが、見ている側としては無事に発表まで進むのか不安もあった。しかし、彼らはそれぞれで関心のある分野を絞り、連絡を取り合い学内にインタビューに出かけ、知り得た情報を元に学内生協の改造や Wi-Fi 設置などが飛び出した「大学改善計画案」を提言したのである。

②多角的な学生支援

　実際に授業をするにあたり、教壇に立つ教授 1 人で、果たしてどこまでの学生に視線をむけることができるだろうか。私は現在別の学校にて教鞭を執っているが、30 〜 35 人の生徒に対してさえ、1 時間の授業で全員に行き届いた目配りができず、自らの未熟さを感じている。

　大学の授業では、学生は出席してもしなくてもよいのではないかという空虚感を覚えることがある。教授側も、誰がどの人物なのか認識していない。実際には、教授は、多くの授業を抱えており、その度に異なる学生に指導しているため、ゼミなど親しい付き合いのある学生のみを認識がすることが中心になることは致しかたない。

　だが、この授業では「過去－現在－未来」と「自分－仲間－社会」の両軸を基盤として進める性質上、学生の相互理解や、教授側の学生理解も必要な piece である。三つのモジュールにおいて、グループ分けをする際に

第2章　学生が学びたくなる授業の工夫　59

ワークを行う学生ら。ＣＴは活動中に各グループを周り、サポートを行った。

も有効な情報源にもなる。教授から見た学生だけでなく、CT から見た学生という視点が加わることで、学生を多角的に捉えることが可能となる。その結果として、学生の良い面を知る機会が向上し、彼らの価値を高める働きとなる。そこで CT は、教授とは別の授業担当者として、参加学生全員への目配りをすることが大切である。ただニックネームを覚えるだけでなく、誰がどのような人物か、その存在を認識すること。小中高では当たり前のように行われていた存在の認識を再度、大学の授業で体感させることで、学生に授業の一員であるという認識と自分の存在が CT や教授に覚えられているという自己の肯定感を生み出す。参加してくれている学生一人ひとりを大切にする支援が、CT の最も重要な役割であると私は考えている。

　実際、毎回の授業終了後、昼食を大学食堂でとり、そのまま HUB 京都という昔ながらの香りが漂う建物の一室にてミーティングを行っていた。ここでは学生が参加しやすいアクティビティや今後の授業運営について CT で議論した。90 分の授業時間内でどのアクティビティを行うことがモジュールのゴールへの見通しを持たせられるか、限りある時間の配分をどうするか、誰がアクティビティを担当し、その際他の CT はど

う動くか…学生の学びが深まるよう、毎回授業内容を吟味し、計画案を作成した。授業中はその案を基に進め、時間の超過などが起きた場合、学生の現状を踏まえて案を即座に修正し、授業を進めることができた。

また、学生の様子に関しても意見を交換できる場であり、状況の把握を全員で確認ができた。私は特に授業前の時間を重要視し、教室に来た学生と積極的に会話し、様々な話を聞くことができた。授業への参加動機や大学生活、他学科の学生との交流など、生の学生の意見は授業を組み立てるうえで大いに頼りになった。「自己表現力」を得るために自らを知り、表現方法を知り、自分の言いたいこと伝えたいことを他者に表現する。このようなタイプの授業はなく、ただの知識よりも、生きるうえで今後必要なスキルであるという認識を持った学生が、授業を通して増えていた。その証として、自らを語ったり、知りたいことに関心を示し自らを開いたりする姿を見ることができた。学生にとって、確かに実のある内容だった、ということを実感した瞬間でもあった。そしてこの姿は、彼ら自身の成長につながる意識づけにもなった。

3　学生が得た学び

私が 15 回の授業を通して、必ず行ったことは、「その日参加してくれた学生全員と会話をすること」である。どんな気持ちで今日は来ているか、前回休んだ理由は何かなど、彼らの状況を知ることは、ワークを見届ける際にもとても重要なことである。また、この会話を通して私は授業での学生の成長を感じることができた。

ある男子学生は、内容はよくできているが、目線が下を向いたままで、伝えたいことがうまく伝えられていなかった。そんな彼の発表を見て、「相手の顔を見て話をする」ことを伝えた。すると、彼はそれを意識し克服しようと、毎回の発表で努力する姿が見られた。教授でもなんでもない CT という謎の存在からの一言は、彼の中に意外と「すとん」と落ちたらしい。そして最後の発表は、資料を前に出し、相手の様子を見ながら話をすることができた。そのことを伝えると、課題ができたことを自分でも実感

できたようで、にやりと笑っていた。

　別の女の子は、強いリーダーシップを持ち、班内のフラッグシップであった。2回目の発表「コミュニケーションの定義」では、少ない時間の中でチームをまとめ上げ、1人1枚の画用紙を持たせて発表させる他班にないスタイルを作り上げた。彼女の力の凄さを感じるよくできた内容だったが、話し方、順番などチームのまとまりとしては準備不足の面も見られた。そこで3回目の発表「大学改善計画案」では、調査段階からチーム全体で動くことを一層重視した活動が見られた。発表準備もチームで相談して決定し、それぞれの発表に対して助言を送り、互いを高めることができた。彼女自身も、自らの発表に加え、班員の発表の手助けを通して、授業への関心が高まったようで、授業後にCTや筒井さんに話かける機会が増えた。

　この2人のように、変化は様々だが、授業を通じて成長した学生は多い。もともと力を持っていた学生もいれば、そうでない学生もいる。本授業には誰にでも成長する機会がある。今回の授業内容が学生にとって、将来に役立つと感じてくれたことで意欲が高まり、実践する・振り返る場があることで、彼ら自身の力を知ることができたのである。

4　私が得た学び

　今回の授業に参加させていただけたことで、私には二つの発見があった。一つは、個々の持ち味を理解することである。今回は私を含め4人のCTが参加していたが、どの方も高い能力の持ち主で、当初私はその眩しさと自らを比べてしまい、学ぶ機会を得たことに対する喜びと、自分の不甲斐なさへの失望を抱いた。活動のアイデアが多彩で、前に立ちファシリテーターを積極的にできるCT、好奇心が強い一方、慎重さも持ち合わせ、学生目線で話し合いの着目点を増やすCT、本業を活かした独創的な考え方で、学生に寄り添うCT……。他のCTにできて、私にはできない……そんなジレンマを感じ、時に学生の前に立ち、ワークを進めることに抵抗を感じたこともあった。

共に活動したCTの面々。授業後は必ず打ち合わせを行った。

　しかし、モジュール2に入る前に、学生のグループ分けを任された際、「グループ分けは、くろちゃんにしかできない」といわれた。この瞬間、私は再認識した。人それぞれに特性や持ち味があり、できることできないことがあるのは当たり前だということを。さらに学生のグループ内でも、得手不得手で役割を分担する姿を見て、彼らもまた自身の持ち味を意識した役割についていることに気づいた。これこそが、グループやチームで取り組む醍醐味ではないかと感じている。個人だけではできないことを互いに補完し合い、それぞれの個性を活かすことで、大きな力となることを実感できた。

　もう一つは、個を知り、認めることが信頼につながることである。前述のとおり、授業外での会話により、私は個々の学生について知ることができた。これと同様なことが、グループ内でも起こった。初めて話す他学科の学生と共にワークを進める中で、互いの人となりを知り、ワーク後に笑顔で話し合う姿、帰りがけに一緒に教室を出る姿など、つながりが強くなっていた。そのような姿を見せたグループの活動は、他グループよりも発表時に違いが表れた。複数人で会話を掛け合いながら図を示し発表するスタイルは、一人ひとりが独立して話すグループと比べて協調性と、グループメンバー全員が発表内容を理解しているように思えた。

学生がいなければ、授業は成立しない。参加してくれる一人ひとりを知らなければ、授業を創り上げるそれぞれの piece とはなり得ない。piece が一つの大きなパズルになり、成長空間を創るために CT がいたのだ、と私は感じている。一人ひとりを知るために、まずは自己を包み隠さずコミュニケーションを取っていくスタイルは、この授業で学んだことであり、教員となった今も大切にしていることの一つである。今は新しい自分のステージで、目の前にいる生徒たちと「成長空間」を創れるよう、当たり前にとらわれない協力する授業を行っていきたい。

コラム⑥　初めてＣＴが学生に認められた 10 分間

矢野康博 (2013 年後期，CT，学生)

「僕の声は彼らに届いていない。」
　授業が始まって一番初めに思ったのは、教壇に立つ自分の指示やレクチャーが学生に響いていないということでした。僕の声が小さい訳ではないし、理解できないほど複雑なものでもない。ただ、「CT がなぜ授業に関わっているのか」を学生が理解してくれていないという感じだけはわかりました。
　僕も同じ現役の大学生なので、授業に対するモチベーションが上がらない気持ちは痛いほどよく分かります。でも、どうしたらいいのかまでは分からないままでした。
　そんなとき、モジュール 1 の終わり (第 6 週目) に、CT による 10 分間のプレゼンが行われることになりました。テーマやタイトルは自由で特に制限もない。CT である自分がどんな人間なのか、どんな想いで教壇に立っているのか。伝えたいことをしっかりと伝えられるように、パワーポイントをまとめて、当日を迎えました。
　小学校から高校まで続けたバスケ部ではずっと補欠だったこと、大学に入ってすぐの頃は居場所がなくて絶望していたこと、フリーペーパーの制作を通してたくさんの素敵な人に出会い、そこでかけてもらった言葉が、自分に自信をくれたこと。

「自信は、人からもらった言葉によって生まれると思っています。だから、僕はこの授業で、言葉を通してみんなに自信を持ってもらえるようにしたい。」

　自分に自信を持つきっかけになるような授業をつくるために、矢野康博はこの教室に立っている。背伸びすることなく伝えた自分のこれまでと、授業に対する想い。プレゼンが終わった後、僕をみる学生たちの目は少しだけ違うように感じました。"なぜだか分からないけれど、授業運営をしている部外者の人"ではなく、"何かを必死に伝えようとしてくれている学生に近い人"になった気がしました。

　そして、プレゼン終了後に学生からもらったコメントカードでは、「自分も部活ではずっと補欠だったので気持ちが分かります」「私もやのっちさんが出会ったような素敵な人になりたい」など、共感や憧れが書かれていました。それだけでなく、プレゼン後の授業では、「やのっちさん！」と名前を呼ばれて、授業内容について質問をされることも多くなりました。まさに人としての距離感が縮まったのを実感した瞬間でした。

　当たり前の話ですが、学生は最初 CT という役割を理解していません。しっかりと説明しても、アルバイトとしてやっている TA のようなものだと思われているのだと思います。でも、それだと教員との距離感と変わらないし、わざわざ CT がいる意味もないのです。

　重要なのは、いかに CT が人としての魅力をしっかりと伝えた上で、学生たちとの関係性を築いていけるかということなのだと思います。常に教壇に立つ教授には質問しにくいことを聞ける距離感を、CT 自らがつくりあげていく。それが授業に対する学生の理解度に大きく影響しているように感じましたし、そこに CT の存在意義があるのだと思います。この 10 分間で僕の想いをすべて出し切ったことが授業における最も大きな岐路だったと考えています。

> (3) みんなといっしょに、学びを楽しむ
> 　　　　　　　　　　　吉田美奈子（2013年前期，CT，社会人）

　「CT（授業協力者：Creative Team: CT）と学生って、近いようで遠いよね」

　ある学生のこのつぶやきをきっかけに私たちは変わった。2013年前期のCT3人が、それぞれのやり方で学生に寄り添うチームになっていったのである。

　冒頭の言葉が発されたのは、3回目ぐらいの授業の時から、学生が授業終了後すぐのFB会（Feed Back：授業振り返り）だけでなく次回の授業を考える場にも参加しはじめてすぐのことだった。授業を終え、すっかりあたりが暗くなってからいつものように大学食堂で学生・教員・授業参加者（見学者）と一緒に夕飯を食べ、筒井さんの研究室に向かい授業準備に入る。お腹もふくれて普段より少しおおらかな気持ちになっていたせいだろうか。いつも分析的に人と関わり自分の意見を伝える機会が少なかった学生が、なにげなく発した一言である。私たちCTは全員どきっとしていたにちがいない。自分たちは何をどうしたらいいのかまだよく見えていなかったからである。そして、何のためにここにいるのか？ という問いに、学生の方から出口を示された思いがしたためである。

　出口へ向けた具体的な取り組みの話に入る前に、すこし自己紹介をさせていただく。私は京都府北部にある雲原という人口280人の集落に住んでいる。コミュニティカフェを開いたり消防団に入ったりパンを焼いたりするなかで、暮らしを楽しむ方法を探っている人間である。グループワーク概論では「みなぴょん」という名前で呼ばれていた。

　そんなふうに山の中で暮らす私と、街の中で開かれるグループワーク概論がつながったのは、学生時代に京都で知り合った筒井さんとの再会がきっかけである。京都府北部の綾部市で開催された「まるっとーく」という高校生と学生が進路について話し合うイベントがあり、同じ京都府北部に住んでいるということと、学生時代から私自身も様々な人が出会い対話

する場を開いていたということから、筒井さんが「来てみませんか」とお誘いくださったのである。そのイベントの場に、後にCTとなるまーくん（滋野正道）とばっち（筌場正起）もいた。結果的に、この2人と一緒にやるとわかっていたことが、私が関わることを決めた一番の理由になった。授業を考え実際に場をまわすことまでも行うCTの仕事の大変さなど、全く想像していなかった。雲原での暮らしづくりと同じように「なんかおもしろそう」という気持ちをもとに、「この2人とやるなら楽しいやろう」、「学生といっしょに楽しんで授業に取り組めたら成功や」と臨んだのである。

　授業づくりがはじまってからは、楽しいだけではない苦労ももちろんあった。まず毎週京都市まで往復8時間かけて通うということは今にして思えばよくやったなと振り返る。授業づくりだけをやっているわけではないため、次の日が仕事で終電に飛び乗り日付が変わるころに家にたどり着くという日も少なくなかった。授業づくり自体は授業が終わった後にも行うが、会議や打ち合わせを授業の前日や後日にもスカイプ上で何度も行った。途中で寝落ちしてしまうこともしばしばあった。そんな日々の中で難しかったのは、モチベーションの維持である。その要因は授業にどう関わればいいのか誰も見えない中で模索していたことにある。後に筒井さんも「それが一番大変だった」と語られている。しかし、私たちの強みは現場で模索していることである。だからこそ、打開のヒントとも授業期間の早い段階で出会うことができたのだと思う。

　「CTと学生って近いようで、遠いよね」

　この言葉によって、学生の近くにあることがまずCTに求められている仕事だということが全員わかったのである。そこで、寄り添うための役割や居場所をCT3人がそれぞれに探る日々が新たに始まった。

　まーくんは得意のＩＴ技術を活かして「視覚から」学生に寄り添うことを選んだ。彼は自分にできることが何なのかを文字どおり頭を抱えて模索していたが、あるとき「僕はデザインをする」と宣言したのである。京都精華大学の学生はアニメ好きが多いということに着目し、各回の授業内容を示すPPT（パワーポイント）に有名アニメのパロディや、かわいい

キャラクターをいれた。説明部分には堅い言葉ではなくポップな言葉を用いて「見たくなる資料」になるよう工夫した。中でも「いいね旗(フェイスブックのいいね!を示すアイコンを旗にしたもの)」は学生からの大好評を得た。学生たちが学内に出て気になるものを探し、その気になるものに関わっている人にインタビューして、わかったことを発表するというワーク(「UNKNOWNをさがせ!」というワーク名)で、発表を聞いて「いいね」と感じたときにその旗を振って伝えよう、と提案したのである。誰もがす

まーくんの作成した授業資料(タイトル)

まーくん(はじめの授業での自己紹介時)

ぐに参加できる手軽さが学生の授業への距離をぎゅっと近づけた。蛇足だが、CT3人の中で学生からの「いじられ率」がもっとも高かったのは、このまーくんである。

ばっちは、自身が現役の学生であることを活かして「正直に」学生に寄り添うことを選んだ。彼と私は学生時代からともに活動していた仲間で、彼は意見を相手に伝えるということを非常に苦手としていた。しかし、授業の中盤に差しかかったあたりから会議の中でも違和感や疑問を隠さずにはっきりと言語化するようになった。「ちゃんと言葉にして伝えようと思って」という思いは授業中にも反映されていった。グループワークを行うテーブルの中にCTの中でもっとも多く入り、学生の話を目を見て頷きながらよく聞いていたのはばっちである。そんな彼を学生が一番身近に感じたのは、「CT紹介」の時間である。「CT紹介」の時間とは、「どういう背景の人がどんな思いをもってこの授業に関わっているのか」を伝えるために設けられた時間で、見学者の方が担当されるリフレクション会（モジュール振り返り）後に行われた。ばっちは、自分が子どもの頃からどういうことに悩んできたか、学生生活でどんなことを学んで活動してきたのかを丁寧に語った。きれいに整理整頓された話ではなく、思いそのままを切り取った話に、いつもけだるげに授業を受けている学生もすっ

ばっち（会議中、筒井さんの研究室にて）

と向き合って耳を傾けていた。「あの話よかった」と、彼に感想を伝える学生がいたことが、確実に寄り添えたことを示していた。

　さて私はというと、「CT3人のリーダーとして」学生に寄り添った。リーダーの役割として一番心がけたことは、ぶれないことだった。授業づくり会議などでどれだけ白熱し意見のぶつかり合いがあったとしても、授業の場には笑顔で臨むようにしていた。それは、目の前に立っている人が不機嫌では、学生はそれが気になって安心して楽しむ気にはなれないだろうと考えたからである。学生が教室に入ってきたときには目を見て挨拶をして、一人ひとりの名前をあだ名で覚えて呼ぶなど、「この場では楽しんでいい」ということを表情や動作、言葉で積極的に表したのだ。

　同時に、関わりやすさについての細やかな実験も率先して行った。例えば授業時の服装のイメージを「キラキラ女子系」「カジュアル系」「ふんわりお姉さん系」など毎回ガラっと変えていき、化粧についてもばっちりキメていく日と一切しない日を設ける、ということを試したのである。すると、その日その日のイメージに応じて私に近寄って話しかけてくれる学生が異なっていたことから、見た目も関わりやすさに影響を与えるということがわかった。こうした学びを、ほかのCTや筒井さんになにげなく共有していた。

　本稿冒頭のつぶやきを発した学生はそんな私の動きに興味をもってくれて、CTの授業づくりに参加するようになった。その動きに感化され授業づくり会議に参加する学生の数はどんどん増えていった。学生だからといって受け身じゃなくてもいい、自ら学びを作っていけるんだということをほかの学生にも示してくれたのは、彼女の力である。

　私が動き、まーくんが伝え、ばっちが受け止める。2人とのコンビネーションがあったからこそ、私はグループワーク概論のCTを無事やり遂げ終了することができた。そのコンビネーションは初めからできあがっていたわけではない。毎回、毎回の取り組みによって徐々に全体で育まれていったものである。そのことを痛感する出来事が「みなぴょん2週休んだ事件（筒井さん命名）」だ。さきほど無事やり遂げ終了と述べたが、実

「いいね旗」を片手にグループワークを行う学生たち

は急な体調不良で休養を余儀なくされた回が2度ある。しかも、一番大事なまとめの段階で、である。序盤から中盤まで授業を仕切る役割はリーダーの私が主に行っていたため、休まなければならないとなったとき私は非常に焦った。2人だけでも大丈夫だろうか、学生たちは安心して学べるだろうかと不安な気持ちがあった。しかし、箱を開けてみればそれはまったくの杞憂であった。復活後に私がいない回の話を学生たちに聞くと、「テンパってたけど、大丈夫やったで」と思い出し笑いをしながら教えてくれる子ばかりだったのだ。見学者の皆さんからは「まーくんとばっちがすっごい成長して、学生もそこに乗っていた」という声が聞こえた。本人たちにはあえて詳しいことは聞かなかった。

今回の取り組みから、CTとして関わる授業づくりで大切だとわかったことが三つある。一つめは、現場のつぶやきにヒントがあること。二つめは、試行錯誤を繰り返すこと。三つめは、その姿のまま学生に寄り添うことである。

授業に関わる前、私は「学生と一緒に楽しんで授業に取り組めたら成功や」と考えていた。しかし、楽しむのは自分自身であって、楽しませてもらいたいわけでも楽しませてあげたいわけでもない。自ら楽しむためには、「まわりに耳を傾け、やりながら変わり、変わることを楽しむ」ことが

要る。私は、そんなふうに学びを楽しむ基本姿勢を、学生、教員、見学者の皆さんとともにこの CT の仕事を通して新たに体得したのだと思う。

コラム⑦　ＣＴを志願した動機と続けられた理由

小西真人（2014 年後期，CT，学生）

　筒井さんが担当する授業において、CT になるためには、筒井さんと面談を行う。その中で、筒井さんの考えを深く知り、自分の気持ちを伝え、それらが合わさったとき、はじめて CT という仕事を任せられるのである。
　この CT という仕事は、大学の教壇に立って授業を進行する役目を担うこともあり、大きな重圧を背負う。特に、時間の拘束による負担は想像以上に大きい。「情報メディア論」の授業が月曜日だったため、月曜日は移動時間を含めて朝 9 時から夜の 11 時まで授業のことで頭がいっぱいになる。また、月曜日だけでは授業の準備が終了しないため、木・金いずれかの曜日でスカイプ会議が開催される。さらに、パワポやコマシラバス（指導案）を作成するための個人作業で 2 時間くらい時間をとる。そのルーティンを 15 週続けるのである。授業が終了した後、CT 同士で話をしていたらほぼすべての CT が途中でリタイアしたくなった瞬間があると述べ、大きな理由の一つが時間の拘束による負担のためであった。1 ヶ月くらいは、このルーティンに慣れることができず、想像していた生活と違うと弱音を吐いていたことが懐かしい。
　しかし、上記のような時間的拘束による負担があるにせよ、私事での致し方ない理由を除けば、過去に遡ってもリタイアした CT はいない。今までの歴代 CT たちが任期をやり通せた理由として、CT を志願した動機が関係していると考える。
　「CT を志願した動機」について、自分を含めた 2014 年度「情報メディア論」CT の思いを紹介する。
　「グループワークの授業に興味があり、学生の自発的な学びを誘発するこの授業の仕組みに興味をもった。インドネシアで言語が通じなくて、見守るだけで子どもたちが成長した経験から、この授業でも見守ることによる学生の成長を期待したい」という CT や、「大学で講義形式の授業が多いことに疑

問をもっていた。大学生のグループワークに参加することによって、グループワークによる大学生の成長を目の当たりにした。社会人としてグループワークを基調としたこの授業で、大学生がどのように成長するのかを見ることが楽しみである」というCTがいた。

　私は、というと、学校での学びが社会とどのようにつながっているのかあまり理解できない現状があり、大学で一般教養として学ぶ知識がこれから生きていく社会において、どのような意味をもつのか疑問であった。そのような疑問を抱えていた中で、出席をとらなくても学生が自主的に出席するような授業作りを展開している筒井さんの授業に興味をもった。主に、学生を惹きつける授業作りという部分に魅力を感じ、その授業作りに自分も関わることができるということでCT志願を決めた理由である。

　CTの任期中には、CTとしてどのような授業が理想なのかということを常に問われ、CT4人（この期間中のCTは最終的には4人であった）の考えや思いを照らし合わせる作業が続いた。CTに対する思いや、CTとして達成したい思いは、ばらばらであったので、その思いを紡ぎ合わせて、授業の意図作りをするのが実に大変であった。思いの紡ぎ合わせをするために、神戸の三宮（CT4人中3人が神戸在住であった）で、朝活や夜ミーティングをしたことは今となってはいい思い出である。

　CTとして達成したい思いをそれぞれもって臨んだこの授業であったが、実際に授業を終えて自分が満足できるほど目標としていたことを達成できたと感じたCTはいなかった。しかし、まるで期待外れだったわけではない。期間中の授業において、やりがいや手応えをすべてのCTが感じていた。CTの期間中で少しでも手応えがあったとすべてのCTが話していた。CTが設定した目標以上の成果をあげた学生たちがいたこと（例えば映像の専門家が驚くほどの映像を、静止画の組み合わせで作ったグループがいた）など、CTたちの予想をいい意味で裏切ってくる学生の姿に出会えたことはCTという役割の中で、これからにつながる経験になったと考えられる。

　CTという仕事は想像以上の辛さがある分、予想以上の学生の姿に出会うことができる。その魅力こそが、CTを続けられる理由であり、この授業の魅力なのであろう。そしてこれからも期待以上の授業改革を起こすために、たくさんのCT志願者が集まることを望みたい。

役割2：授業参加者・見学者

(1)最多回数授業参加者（見学者）が見た
——教室内の『ヒト』の関係性が意欲を高める——

松尾智晶（2013年前期，見学者，社会人）

1　自己紹介

「大学の授業なのに、全15回、教員が教えないんですか？」

「クリエイティブチーム（Creative Team: CT）が授業を作って進行するなら、いったい教員は何をするんですか？」

「クリエイティブチーム（CT）って、どんな資格をもった人がなさるんですか？」

筒井さんからこの授業の構想を聞いたとき、私の脳裏にはいくつもの「？」マークが並んだ。いったいどんな授業になるのか？　その授業からはどのような教育効果が得られるのか？　そもそも、そのような授業が大学で開講できるのか…？

大学でキャリア教育を担当して10年目を迎える私は、教員になる以前はHR（ヒューマンリソース）関連の職務に就いていた。人材紹介会社でワークキャリアをスタートし、メーカーの人材教育の仕事を経て人材採用・教育コンサルティング会社の起業に関わった後に個人事業主として独立。企業・行政・大学でのキャリアカウンセリングとキャリア関連の講師業を続けるうちに、変化の激しい日本社会におけるライフキャリア形成の難しさを痛感した。若者のみならずミドル層、シニア層、男性女性すべてに対してキャリア形成を支援するための教育や社会制度が必要であると確信し、30代半ばに大学院へ進学した。そして、現在大学で勤務する私にとって最大のテーマは『学生の意欲と自律性の向上』である。高校までは先生に言われたことをこなせばその先のライフキャリアはある程度保証されるが、大学では受講する科目登録一つをとっても学生の自律性

が求められる。自分は大学で何がしたいのか、何を学びたいのか、これらを自身で考え行動しなければならない世界に学生たちは放り込まれる。このような正解のない世界では、自分自身に問いかけ自分なりの答えを見つけて行動することが求められる。それができずに活動が低下すると、人との交流が減り孤独感を強めるが、一方、自律的に自由に過ごして大学生活を愉しめれば、――何か意欲をもち自発的に活動できる対象を見つけられれば――その先には社会に出て自分自身が充実感を感じられるキャリア形成が続けられる。そのような大学生活を送るための助けになる授業づくりを、私は模索している。

2　授業見学のきっかけと得た気づき

　筒井さんとは、それまでにゼミや授業に参加させていただくご縁があった。私が本務校で担当した実践型キャリア科目 PBL（課題解決型授業）では筒井さんのゼミ生にご協力いただき、学生が作成した成果物にコメントをもらう場をもった。はじめは緊張してぎこちなく会話していた双方の大学の学生同士が、次第に意見を交わすうちに「このデザインひどいね」「少なくとも色は変えるべきでしょ」「なんか思いが伝わらないわ」などの率直な発言が増えた。対話そのものが愉しくなった学生たちからは、よいアイデアが次々とうまれた（それが原案となり、課題提供団体の日本キャリア開発協会から『金の糸』として商品化された）。引率した教員（私）の存在を忘れて、学生同士が対話を愉しむことの効果を目の当たりにし、爽快な気持ちになったのを覚えている。学生たちが自分で答えを見つけてゆく姿はとても明るく頼もしく、見ているだけで私自身が幸福感に満たされた。

　さて、新しい試みである授業『グループワーク概論』に関して筒井さんからまず聞いたのは、「教員は、教えないんです。教えることもありますが、外部の協力者に授業を創ってもらいます。それを CT と呼ぶことにしました」という発言である。「CT（シーティー）？　何の略ですか？」答えは、『クリエイティブチーム』であった。何をクリエイトするのか？　それは、全15回の大学の授業と運営準備、振り返りの場づくりのすべてを。いっ

たい、どういう人が担当するのか？　ボランティアワークとして 2 名の男性と 1 名の女性、いずれも 20 代で、大学生と大学院生と地域振興活動家である。そのうちの大学生は私の本務校の学生であり、ファシリテーションやコミュニケーションワークに関心が高く、高大連携授業などの教育支援活動にも積極的に参加していた。私とよく議論する学生だったので、俄然私の関心は高まった。さらに話は続く。「授業参加者（見学者）は何名でも OK で、授業運営にも学期途中に行う授業評価にも参加してもらいます。授業を欠席する学生を減らし、参加意欲と学習効果を高める授業です。自ら学びたいと学生が思う場にします。」

　いったいどういう内容になるのか？　私は、この不思議な授業『グループワーク概論』の見学を続け、気がつくと最多回数見学者となっていた。その授業は文字どおり学ぶ場であり、人が変容してゆく場であった。結論から言えば、授業協力者 (Creative Team: CT) がつくっていた最大の成果物は『人間関係』であった。これこそが、従来の大学の授業に存在していたが、現在それをなくしつつあるものではないかと思う。『グループワーク概論』は授業の中で人間関係と信頼関係が醸成され、そのことが学生の参加意欲の向上や学びによる学生の変容につながっていたと感じている。自ら学びたいと意欲を高め、授業の振り返りや授業の内容に意見し、授業運営に参加する学生まで現れたのが、その証左である。

3　キャリア教育と社会的・職業的自律に関する課題

　私が担当するキャリア教育とは、「一人ひとりの社会的・職業的自律に向け、必要な基盤となる能力や態度を育てることを通して、キャリア発達を促す教育」であると、またキャリア発達とは、「社会の中で自分の役割を果たしながら、自分らしい生き方を実現していく過程」と定義されている（平成 23 年 1 月文部科学省中央教育審議会）。つまり、キャリア教育は学生（生徒）が自律を果たすことを目指し、社会の中で自分の役割を果たす過程を促すものである。しかし、キャリア教育とはその実施にあたっていろいろな難しさをはらむものであり、そのうちの一つに『逆進性』があ

ると私は考えている。ある目的を果たすために用いた手段によって、本来の目的とは逆の結果が出てしまうことが逆進性であり、消費税が事例として有名だ。万民に平等な税負担をかけようと消費税を導入すると、結局は可処分所得が少ない層に相対的に重い負担がかかることになり本来の目的とは逆の結果となってしまう。つまりキャリア教育の逆進性とは、学生の自律を促し社会での役割を果たす過程を促すはずが、逆に自律を阻害している可能性をはらむということだ。例えばキャリア教育を代表する科目に『インターンシップ』があるが、これは学校や教員が企業や行政と調整を重ねて受け入れをお願いし、実習内容や期間などすべてをお膳立てして準備を済ませ最後に学生が参加するのが一般的である。このような場合、学生は落下傘で降下してきたかのように場におさまり、ただ授業を聴くだけ、言われたことをするだけ、という受け身な受講態度で臨むことが多い。果たしてこのような仕組みで、若者の自律性は養えるのだろうか。社会の中で役割を果たし、自分らしい生き方を実践する力は身につくのだろうか。

　交流している企業人事の方たちから聞かれる、一部の新入社員に対するネガティブな評価コメントは毎年の恒例である。例えば、言われたことしかしない、こちらが指摘するまでメモを取らない、反応が弱い、わかっていないのに質問してこない、などの内容である。先輩社員たちは不思議に思うのだ。いったい、あれだけの厳しい就職活動を切り抜けて獲得した就職なのに、なぜこのように受け身なのか、積極性がないのか、自分から動こうとしないのか、と。しかし大学で10年教鞭をとる立場から言えば、若者も一定の合理性があってそのような態度をとっているのだと思う。その態度は、ある意味これまでの『成功体験』の結果なのだ。仮に、自分から何かしようとすると『余計なことをするな、想定しないことを訊くな』と言われて育てば、自分から動こうとはしなくなるだろう。思えば、私たちは学校で、家庭で、地域で、人の自律性を養うような教育を提供しているだろうか。社会で自分の役割を果たすような意欲や態度を促すような教育機会を、提供しているだろうか。「もっと自律せよ」と

声高に指導しなければならないほどに本人の自律性が弱いとするならば、指導そのものが自律を阻害してはいないか。言われないと行動できない若者を育てている可能性がある。これが私の考えるキャリア教育の『逆進性』である。私はこの課題を乗り越えるヒントが筒井さんの授業から得られるのではないか、自律性や役割を果たす力を身に付ける教育が展開しているのではないか、と考えたのである。

4　初めての見学、教室に一体感が生まれる瞬間

　私が初見学した第2回授業は、教室が不安感とドキドキ感に包まれていた。授業なのに学校形式の座席ではなく、広い教室に椅子だけで大きな一つの輪が作られていて、学生はそこに座るのである。なんだか、むきだしな感じだ。授業を『受ける』という雰囲気ではなく、何かのイベントに参加するような場づくりがなされている。机とは、教員や学生同士をへだてるものなのだとあらためて気づく。PPT（パワーポイント）の映写を見ると、文字が大きい！　しかもイラストもある。いったいこれは何が始まるのか……？　と思ったのは私だけではなかっただろう。集まった学生たちも、なんとなくザワザワし、所在なさげにしている。見学者は、見学者同士挨拶をしている。教員とCTは教卓で打合せをしている。なんだか教室内の全員がバラバラで、距離感がある。学生たちは、友人と話したり、眠そうだったり、何か読んでいたり、態度は様々である。しかしすべての人たちの間には机がないので、全員の姿はすべてあからさまに見えている。その日の授業タイトルは、『人とつながる90分〜そのとき、どう思った？〜』であった。授業冒頭に教員（筒井さん）によって簡潔に授業の目的やルールが確認され、すぐにCTに授業運営がバトンタッチされる。8名程度のグループをつくる簡単なワークに続き、『UFO着陸』というゲームを行った。紙皿をグループ全員が人差し指で支えあい、目の高さから床まで下ろすという単純な内容である。

　「ワーク？　子どもみたいなことするんだな。めんどくさい」とあからさまな表情や態度に出す学生も、数名見かけた。どうなるのかとハラハ

ラして見ていたが、CTは学生にどんどん近づき明るく声をかけて笑顔で接している。表情や態度のよくない学生とも、遠慮なく距離を縮めていく。UFO着陸ゲームは全員が息を合わせ協力しないと、紙皿が落ちてしまう。それがわかると、やりたくないゲームでも自分のせいでチームが失敗することに責任を感じるのか何度も競争しながら行ううち、やがて学生全員が『参加』の雰囲気になった。その時すかさず、CTが見学者の社会人チームの参加を促した。これは簡単、と社会人チームは余裕綽々でワークに臨み、結果は……見事に大失敗！　思うように、紙皿のUFOは着陸してくれない。みんなそれぞれ意見を言い合い、主張が強かったため文字通り『着地点』が見いだせないのだ。思わず社会人は苦笑した。学生はそれを見て「大人もあかんやん」「ぜんぜんできてへんやん」そう言って、素直に笑った。教室の中の、全員が同時に笑った。その瞬間、見学者と学生の距離感が、一気に縮まった。教室の空気は確実に一つにまとまって、温かく高揚している。ちょっと前までのよそよそしい雰囲気とは打って変わった、その劇的な変化は見ていて気持ちがよいほどであった。「今、私たちが体験したように、共同作業はうまくいかないことが多い。不信感を越えてどう信頼関係やチームワークを作ればよいか、考えてみてください」。授業はこのようにまとめられた。メモをとっている学生はほとんどいなかったが、彼ら彼女らの頭、心、身体に何らかが残ったことは明らかなように思えた。

5　学ばされる、から、学ぶ、に変わる

　教員・CT・見学者と学生の距離感は、授業の回数が重なるにつれて確実に近くなっていった。CTに授業運営を任せているため、コーディネーターとして全体を温かく見守る教員は自在に教室内を動ける。教員と学生との距離は、もちろん通常の授業よりもぐっと近くなる。教員と学生しかいない教室では、教育を提供し成績判定の役割をもつ教員がある意味絶対的な権力者であり唯一の存在である。しかし、この授業はCTの運営で授業が進み、見学者もチームの一員としてワークに参加したり、

時には学生たちにインタビューする。そもそも授業前には、挨拶を交わし雑談をしたりする。学生にとってどういう存在かわからないけれど、なんとなく親しみを感じる人が教室内にたくさん存在することは、従来の授業構造から学生を自由にしていた。つまり、この授業において学生は教員だけを意識するのではなく、『周りの人すべてを意識して行動する』のである。学生同士、CT、見学者、教員で作られた場の中で教員のみの顔色をうかがう学生はいない。この場の中で自分がどうふるまえばいいのか、自律的に考え行動せざるを得ない環境であったともいえる。

　ところで、学生は、言われたことをすべてノートに書きとっていたわけではない。試験に出る言葉を、暗記していたわけでもない。しかし、教員と事前準備で十分打合せをしたCTが、工夫をこらしたワークを行いそこから何を学ぶかを明確に伝えることで、学生たちの集中力やグループワークを行う力は高まっていった。CTの説明を理解しなければ、ワークにうまく参加できずチームに迷惑をかけるばかりか、自分自身も愉しくないことに気づいたのだ。確かに彼らがグループワークについて学びを深めていることを、私は見学者として実感した。授業が三つのモジュールから構成される設計になっていたことも、奏功していたように思う。つまりテーマは変わるが同じプロセスを、学生は3回経験するのだ。1回目でうまく参加できなかったとしても、メンバーを変えて2回目、3回目と経験するに従い多くの場合は前よりも上手に参加できるようになる。さらに、やる気がないメンバーで活動するよりもやる気があるメンバー同士でワークをしたほうが愉しいと実感し、学生が自主的に自分の役割を果たそうとした結果、グループワークの質は回を追うごとに向上した。

　全15コマの中盤あたり、ある日の授業の終わりに、帰り際の学生たちは授業開始時とまったく異なる柔和な表情をしていた。それは授業を受けに来たというより人に会いに来た顔であり、来週も授業に来るだろうな、という感じがした。学生が受け身ではなく学びの場の一員となり、自分たちも授業を創る一員なのだという自覚が、その態度からも表情からも明らかにみられた。

6　CTという存在が授業に与えた影響

この授業で最も特殊かつ重要な存在は、教員と学生という関係性にぐっと入り込んだ『CT』という第三者である。彼らはSAやTAのような、教員のアシスタントではない。完全ボランティアであり、学生と同じ目線で授業での学び体験を促す。それは指導ではなく関わり、強制ではなく参加への促しであり、たえず学生と対話していた。その結果、学生の参加意欲は高まってゆき、授業の後にも驚きの出来事が続いた。CTと教員は授業後にFB会（Feed Back：授業振り返り）を行って改善事項を次回の授業に活かすのだが、次第に学生もそのFB会に参加して、授業改善の意見を出し始めたのだ。これも『教員とCTが共に創る授業』というあり方が、学生の参加を促したといえよう。いつも自分たちと対話しているCTという第三者が授業のFB会に入っていることで、学生たちも参加しやすいのである。さらに授業の後半では、なんとFB会に参加していた学生が授業の一部を運営まで行うこととなった。これは、単に学ぶだけでなく学びの成果を活かした実践まで授業内で達成できたことになり、学ばされるという受け身な態度から完全に脱却したといえる。このような授業の運営の仕方には賛否があることは予想できるが、同時に、私の目の前の学生の変化が明らかであり、まさに新しい発見があった。ここで現実に起こっていることを見るのが、最も早く効果的な学びである。私は本務校で教育手法に関心の高い職員や学生など、10名以上の見学者を連れてくることになった。

　特に印象に残った場面を一つ紹介したい。この授業は学生が自分自身の考えや思いを言語化する場面が何度かあるが、CT全員が自らの考え方や、これまでのライフヒストリーを話す場面があった。率直に自らの体験や考え、思いを隠さず発表するCTを見つめる学生の集中力は、すさまじかった。私語などまったくない。教室全体が一つの結晶のようであった。人が自分自身のことを率直に語る、その価値と重みを理解していない学生は1人もいなかった。キャリア教育でよく行なわれる、社会人ゲ

ストが自らのキャリアを語る授業のとき、多くの場合、学生たちは無関心に話を聴いている。あのときの学生の集中力のなさと比較した私は、その原因が語る人と語りを聴く人との距離にあるのだと痛感した。自分が親しみや関わりを感じている人の話は、聴きたいのである。聴かなければ、それは失礼にあたる。そのことは学生たちもわかっているのだということを、強く気づかされた。さらにCTは学生にとって、授業という社会でどのような行動をとればよいか教えてくれる「先輩」でもあるのだ。彼らは教員ではない、同じ学生であり、大学院生であり、一般社会人である。授業に参加する姿勢や学びあう人としての姿勢を、学生たちはCTのふるまいから体験的に学習し、自律的にそれができるようになっていた。授業後のFB会に参加し、授業運営に参加する学生が出てきたことはその一例である。

　次年度のこの授業で、見学にきた私の本務校の学生も運営に参加したり、CTになったりした。レイヴとヴェンガーが提唱した『正統的周辺参加』のメカニズムが、まさに目の前で展開していると私は実感した。周辺から見ていた者が、習熟者の行いに惹かれ、自らも参加してそれを行うように成長する。これは、学生が学びを得たといえる学習プロセスなのではないだろうか。

7　授業における学生の役割とは

　最後に私自身が受け取った最大の印象的な出来事を述べたい。授業の最終回、私は学生全員の前でCTから思いがけず『修了証書』をいただいた。

　授業最多回数見学者を表彰するそれは、いかにも「たった今、手で書きました」という手作り感満載のA4用紙1枚であり、それを見て、私は思わず脱力し教壇で噴き出した。みんなの前で、照れながら証書を渡すCT。その様子を見て自然に学生の間に笑いが起き、拍手が湧いた。その拍手の音は意外にもとても温かく、思いやりが感じられるものであった。その時、私は自分がこの授業の一員として彼らに受け入れられていたのだと実感した。学生との距離が近くなったことを感じて、実に幸せな気

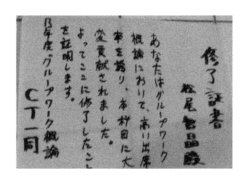

学生から授与された修了証書

持ちになり居心地が良かった。それはこの教室の中にいた学生たちも同様であったろう、その授業は彼らにとっても居心地がよい空間であったのだ。

　役割が与えられ、それに納得し役割を果たすことができそうだと思えれば、人は自律的にふるまい責任を果たそうとする。私たちは授業において、学生にどのような役割を求めているだろうか。「学ばされる」という受け身ではなく、仮に「学び、それを実践する」という役割を与えれば学生の自律性と参加意欲、学習効果が高まるのではないか。これが、今回の見学経験から得た私の仮説である。デシは「人を厳しく管理すれば管理されたがっているかのようにふるまうようになり〔中略〕、上の地位の人が自分に何を期待しているのかを知るための手がかりや、トラブルにまきこまれない方法を探すようになる」とし、上の地位すなわちその場で権力を持つものが、その場に参加する者自身に選択の機会を提供するよう検討する必要があると述べている (Deci, 1995)。

　私の本務校では 2,000 人超が受講する新入生向けキャリア教育科目において、前年度の受講生である先輩学生約 70 名 (2014 年度実績) が『キャリア科目学生ファシリテーター』として授業の運営支援を行っている。ボランティアであるが全 15 回すべての授業に参加することに加え、事前研修の参加、事後の振り返りと報告書作成も彼らのタスクである。ファシリテーションの基礎を学び、授業の目的と内容を理解し教員の授業運営補助を

行う彼らには、教員よりもむしろ学生を見つめることを意識してもらっている。『学ぶ』から『学びを支援する』立場へと移行し、学生支援と授業の一部を運営する。CTのあり方と類似しており、授業を受けるだけでなく『参加する』学生としての姿勢や態度を学生に伝える役割を果たしている。これもまた学びの実践の、一形態であろうと思う。

参考文献
Deci E. L. & Flaste, R.,　櫻井茂男訳 (1999),『人を伸ばす力―内発と自律のすすめ―』, 新曜社
Jean Lave & Etienne Wenger,　佐伯胖訳 (1993),『状況に埋め込まれた学習―正統的周辺参加』, 産業図書

コラム⑧　インスタラクショナルデザインの活用

坂井裕紀（2013 年後期，見学者，社会人）

　この授業には、CT の存在と、柔軟なコマシラバス設計等、見学者を始めとした外部からの授業参与者、対話型授業評価（Midterm Student Feedback：MSF）の実施とそれに基づく改善を始め色々な工夫がある。その中で、私が特に注目したのは学生の授業および出席に対する高い意欲だ。

　教育工学には「インストラクショナルデザイン（教えることの科学と技術）」という学問がある。その専門家の一人であるケラー博士は、学習者の学習意欲を高める手段として、①注意：Attention、②関連性：Relevance、③自信：Confidence、④満足感：Satisfaction という四つの側面からチェックすることを「ARCS（動機づけ）モデル」と名付けている。

表　ARCSモデル

1	注意	Attention	おもしろそう
2	関連性	Relevance	やりがいがある
3	自信	Confidence	やればできそう
4	満足感	Satisfaction	やってよかった

　この授業では、CT が先ず学生の「注意」を引くアイスブレイクを実施する。次に、演習を通じて、授業の内容と日常生活や将来の自分自身との「関連性」に気づきを促す。また、学生に与えた課題を CT や見学者が上手に支援して学生に「自信」をつけさせる。授業が終わった後も学生は教授や CT の振り返りへ任意に出席することが許されており、その中で学生は「満足感」をより深く味わえる。

　むろん、前述した通りこの授業には様々な工夫がある。しかし、インストラクショナルデザイン（教えることの科学と技術）」の専門家の一人であるケラー博士が提唱した ARCS モデルに沿って授業が設計されているからこそ、学生は授業内容および出席に対して高い意欲があり、それが継続されていることが高い出席率に関係していると私は考える。

参考文献

　ジョン・M. ケラー，鈴木克明監訳（2010），『学習意欲をデザインする―ARCS モデルによるインストラクショナルデザイン』，北大路書房

> (2)学習環境の端から支援する授業参加者（見学者）
>
> 坂井裕紀（2013 年後期，見学者，社会人）

1　授業の見学に来ませんか？（動機・きっかけ）

　私は普段、研修講師として様々な業種の企業や自治体で働く人たちに対してメンタルヘルス教育を行っている。といっても普通の研修講師とは異なる。私の研修は、講師より受講者に話してもらう時間が多い。少なくとも半分くらいは受講者が話す。というのも、多くの企業において、メンタルヘルス研修は技術研修と異なり学習意欲の高い人と低い人との差が大きい。そして、総じて学習意欲の高い人が少ない。今でこそ「メンタルヘルス」という言葉が一般的に認知されるようになったが、それでも「メンタルヘルスの必要性は？」「心の健康を保持増進するために何をすればよい？」と言った質問に明確に答えられる社会人はまだ少ない。そのような背景の中、私は受講者にメンタルヘルスに興味・関心を持ってもらい、学習の機会をできるだけ有意義に過ごしてもらうために様々な工夫をしている。

　例えば、講師が一方的に話すのではなく、受講者と講師が双方向にコミュニケーションを取れるように時々質問をしたり、指名を促したりする。テーマに沿って受講者同士が自由に会話できる機会を増やす。実際の判例や体験談を基に、架空の物語を作成し、登場人物を演じてもらう。最後に、学習内容を日常（主に仕事や職業生活）で試行するために、学習の振り返りと共有、そして宣言の時間を取るようにしている。受講者が「面倒」といった不満を感じないように進行することは簡単なようで難しい。私の研修は、受講者の満足度が非常に高い。ある企業で1年間を通じて講師を担当させていただいた際の平均は 4.65 点（5 点満点：対象人数は 1,000 人を超える）だった。筒井さんの授業に興味を持ったのは、授業の設計や進め方が一般的な大学教授と異なり、学生の学びを促進させるための工夫が私以上にたくさんあると感じたからだ。例えば、筒井さんの授業では、

授業協力者（Creative Team: CT）の数人の学生がコマシラバスを作成し、当日の授業を進行する。授業参加者（見学者：主に社会人）が、授業の中で実施されるグループワークに参加したり、リフレクション会（モジュール振り返り）を担当することもあるという。しかも、見学者は毎回変わる。教授は"ほとんど"何もしないという。私は好奇心と同時に、「このような授業があるのか？受講者の学生は満足しているのか？ 学生はきちんと学べるのか？ 何を学んでいるのか？ そもそも、この授業は講義として成立するのか！？ 成立するとしたらどのような工夫があるのだろうか？」などといった様々な疑問が同時に浮かんだ。

　2013年8月、東京大学駒場キャンパスにて開催されたCIEC（コンピュータ利用教育学会）の全国大会において口頭発表をされた筒井さんから直接「授業の見学に来ませんか？」と誘われたことは私にとって好機以外の何物でもなかった。私は好奇心と疑問を解決したいという思いから、筒井さんの授業を見学することに決めた。

2　混沌としているが、崩壊はしていない（驚き・発見）

　2013年9月、京都精華大学にある筒井さんの研究室を訪問した。この日は、大谷大学で実施される「自己表現力を高める」の初打ち合わせで、CTの矢野康博（通称：やのっち）と出町卓也（通称：くろちゃん）が自己紹介をした後、授業に関与する動機について話した。授業に関してすぐに設計できる2人は意識も能力も高いと感じたし、筒井さんの授業はこのような優秀な学生・社会人によって支えられていると理解していた。それはそれで正しいのだが、実際に授業に見学へ行ってその理解は充分ではなかったことを私は知ることになる。

　2013年10月、大谷大学において筒井さんの授業を見学したときの驚きを私はいまだに忘れられない。筒井さんが最初に10分程話した後はCTへ進行を交代した。それ自体に驚きはない。事前に聞いていたとおりだったから。驚いたのは授業に出席している学生の態度だった。授業と関係のない話をしている学生。笑いが絶えない二人組み。お互いにちょっか

第2章 学生が学びたくなる授業の工夫 87

大谷大学の授業風景

いをかけ合うグループ。CT は教壇から本日の授業内容や進行を説明しているが、学生同士の私語や笑い声でよく聞こえない。当時の様子を一言でいえば混沌。それほどまでに学生たちは自由に過ごしていた。

　このような場面において、「私語が煩いぞ」と学生へ注意する教授もいるだろうが、筒井さんは注意しない。その代わり、CT のくろちゃんが「静かに、今、やのっちが説明しているから」と優しくグループへ介入する。案の定、グループワークの進め方が分からない学生がいたり、勝手気ままに進めるグループも出てきたりする。このときの私は「こりゃだめだ。期待外れもいいとこだ」と実は思っていた。しかし、授業が進むにつれて徐々にそして本当に少しずつではあるが、学生同士の態度に変化が生じていた。相変わらず、会話は飛び交う。笑いは絶えない。取っ組み合ってふざけている学生もいる。ちなみに、この時点でも私は「ひどい、まるで幼稚園児じゃないか」と失礼なことも考えていた。しかし、学生たちの会話に耳を傾けると、さっきまで授業と関係のない会話、いわゆる私語だった学生が演習を取り組むために周囲の学生に質問をしている。また、

他のチームに負けないために作戦を練っている学生も現れ始めていた。取っ組み合ってふざけていた学生は同じグループの学生に注意されて演習に参加している。最終的には出席している学生の誰一人も欠けることなく授業の進行に参加していた。最後まで相変わらず会話が煩いくらいに飛び交っていたり、落ち着きのない学生もいたりしたが、授業の始まりに比べると、ほんの少しかもしれないが、前向きな態度になっていた。この授業に対する私の印象も変化していた。授業を終えた筒井さんに感想を求められ、私は「混沌としているが、崩壊はしていない」と答えている。何とも粗い感想だが、当時の授業の様子を的確に表現していると今は思う。

3　目的は「ズレの修正」(授業関与・内省の促進)

2013年12月、私は見学者としてリフレクション会を担当した。筒井さんの授業では、大学が行うアンケートとは別に授業中に教授やCTに対して自分たちの授業を良くするための機会を与えられる。

私は「Reflection －授業の価値を高める－」と題して教壇に立った。開始する前に、二つの趣旨を伝えた。一つは「ズレの修正：学び手の『学習意欲』と教え手(筒井さん＆CT)の『教えたい・身につけてほしい情熱』を微調整する取り組み」であること、もう一つは「行動へつなぐ：学び手が授業を通じて『体験』したことを分析し、仮説を立て、次の行動へつなげる取り組み」であることを伝えた。また、注意事項として「成績に影響しない」ことも伝えた。

さらにはリフレクションを担当する者の約束事として三つの約束をした。一つ目は「伝達：すべての意見を教え手に伝える」こと、二つ目に「匿名：誰の意見なのか分からない形式に変える」こと、三つ目に「還元：学び手の意見は教え手からフィードバックされる」ことを伝えてから振り返りを行った。リフレクションに用意した項目は①成長②目標③改善の三つであり、それぞれの項目に対応した質問として「成長：何がどのように変化した？」、「目標：履修後になりたい姿は？」、「改善：より多くの学

Reflection
授業の価値を高める

坂井 裕紀(トム) 産業カウンセラー 心理相談員

3つの約束
1. 伝達
   全ての意見を教え手に伝える
2. 匿名
   誰の意見なのか分からない形式に変える
3. 還元
   学び手の意見は教え手からフィードバックされる

3. 改善　5分
- これまでの授業を振り返ります
- より学びある授業にはどうすればよい？
  - P3では、どのような工夫をして欲しい
  - 筒井さんに対する改善要求
  - CTに対する改善要求
  - 授業の進め方や準備に関することでも、教え手(筒井さん、CT)に対してお願いしたいことでも、より学びを多くするためならどんなことでもよいので、要素を付箋に書きだしましょう。

リフレクションで使用したスライドの抜粋

びを得るには？」という三つの「問い」を用意した。また、回答を記入するための付箋と回答を入れる封筒をあらかじめ準備しておいた。

　私は、教室内を歩きながら内省する学生の様子を伺った。外部の見学者によって自分たちの回答をどのように扱われるのかということに少なからず不安を覚えた者もいたと思う (特に私と会話していない、私がほとんど関わっていないグループ)。また、あるグループの学生から、リフレクションの途中でグループワークがないこと、グループ内の会話がないことがつまらないという発言をされたことから、学生の中には、授業を振り返り、改善するよりも、授業中に行われるグループワークを体験したいと希望している者もいたが、すべての学生が三つの質問に回答してくれた。最後に私は学生たちへ後日、教授およびCTからフィードバックがある

ことを再度告げ、筒井さんと CT へ授業の進行を交代して終了した。

4 授業から離れた立場を活かす（フィードバック・援助）

見学者の1人として私は、授業を終えた CT と学生の FB 会（Feed Back: 授業振り返り）の場に時々同席した。筒井さんの授業は終了後に毎回、この FB 会を行う。これには授業に出席した学生が参加することもでき、当日の授業の感想を述べ、よりよい授業へ発展させる目的がある。しかし、CT の中には自分を厳しく責める者がいたり、自分は上手くやったことを賞賛されたいように見えた者もいた。また、次の授業の打ち合わせ時間が少ないことやシラバスの目標と内容に整合性がないといったことなど、上手くいかなかった原因の責任を転嫁する場面も見受けられた。その逆に、安易な傷の舐め合いの時間になることもしばしばあった。もちろん、それらの行動を否定したいわけではない。むしろ、限られた時間の中で最大限の努力をしていた CT に対して、私は見学者として何かできることはないかと考えさせられた。

授業後の振り返りの様子

CTを指導するためではなく、見学者として一歩下がった場所から授業を見ていたからこそCTに伝えられることがある。例えば、見学者としての私は、学生の行動だけを観察しているわけではなく、CTの言動ひいては筒井さんとCTのやり取り、CTと学生のコミュニケーションを俯瞰して見ている。だからこそCTの気がつかない事実をフィードバックできる。FB会における私の役割は、CTの見落としている事実をフィードバックすること。また、CTが落ち込んでいるようなら肯定的な感想をフィードバックするようにした。

　学生に対しては、授業から少し離れた立場を活かして関わるようにした。例えば、学生の中には授業中に感じた「モヤモヤとした気持ち」を上手く言語化できない者もいた。また、発言したい気持ちはあっても場の空気を読んで発言できない者もいた。そういう学生には、さりげなく声をかけ、彼らの言葉や態度の背景にある気持ちを聞き、言語化を手伝うようにした。

　これらの関わりが示すように、見学者としての私が授業の設計や進行に直接携わることはなかったが、授業中やFB会において学生やCTに直接関与することができた。私は自身の体験から、見学者は、学生とCTが一緒につくる「学びの場」を支援する重要な役割を担っていると感じた。

　最後に、これらは筒井さんの授業に関わった見学者の1人としての私の感想である。というのも見学者には私と同じ研修講師もいれば、大学教員・職員、高校教員、他大学の大学生および院生、コーチ、コンサルタント、ファシリテーター、デザイナーといった様々な職業領域の方々がいた。そして、各々の経験や専門知識を用いて、この授業に関わっていた。見学者の関わり方によって随分と印象が異なることをご理解いただけると幸いである。

コラム⑨ 授業をゲーム風に味付け！？

三浦祥敬（2014年後期，見学者，学生）

　ゲーミフィケーション。今回この海外で生まれた言葉を、授業の中に取り入れる試みを行なった。一人はこの授業を受けている学生、他大学の学部生一人、と社会人経験がある大学院の学生一人。チームメンバーはこの三人である。

　このチームが授業作りに関わるきっかけになったのは、授業を受ける予定の学生がゲーミフィケーションについて熱心に勉強しており、受講する授業にそれを活かすことはできないかというちょっとした思いつきを共有したことから始まった。

　ゲーミフィケーションとは、主に学生の動機付けを高めるために、ゲームの世界で用いられている要素をゲーム以外の世界に応用することを指している。対象になっているものをゲームのように仕立て上げることが目的ではなく、なにかしらの目的を達成する手段として、対象（例えば授業）をサポートするものだ。例えば、学生が授業により積極的に関わるようになることを目指すなど、ある特定のプロセスに人の関与の度合いを高めるということを目的として使われるようになってきている。今回、この授業に対するフレームワークとして、ゲーミフィケーションの四つの要素に着目した。①プレイヤーに目的意識をはっきりさせるゴール、②戦略的な思考を促すためのルール、③自分が目的にどれだけ達しているのかを示すためのフィードバックシステム、④安全で楽しめる活動を保証するなかでの自発的参加、の四つである。

　この授業にこれらの4要素を盛り込み、授業のプロセスにゲーム的な味付け作業を行なうチームが編成された。しかし、このチームは、それぞれの理由で受講生以外のチームメンバーが授業を直接見る機会がなかった。そのため、結論からいうと、今回のゲーミフィケーションチームは効果的に機能していたとは言えない。

　その理由を、以下に挙げてみたい。まず1点目はゲーミフィケーションチームとCT、二つのチームの間のミーティングは2回ほどしか実施できなかったため、チーム間で連携する動きについて信頼関係を築くことが難しかった。それゆえに授業作りの全体の方向性のすり合わせや、それぞれのチーム

の意図の共有が十分であるとは言えなかった。2点目は、このチームメンバーの大部分が授業に参加できなかったことにより、受講生たちの特徴だけでなく、リアルタイムの状態や変化をつかむことができなかった。ゲーミフィケーションを授業に適用する時、対象である学生が何者であるかによって、その内容は異なる。一番重要とも言える学生の様子を見ていないことは、ゲーミフィケーションチームにとって確実に痛手であった。最後に、企画化のプロセスについて複雑すぎたことが、挙げられる。当初CTが創った授業企画にゲーミフィケーションの要素を加えていた。ゲーミフィケーションチームはCTがいないところでアイデアを出し、それを受けてCTは練り直した授業企画を教室で実践するという工程を踏んでいた。しかし、授業企画するチームが直接対面してしばしば意見交換していなかったため、お互いの意図が伝わりきらず、効果的に二つのチームの良さを掛け合わせた相乗効果を発揮することができなかった。簡潔に述べると、お互いの信頼、学生の分析、企画プロセスの複雑化に、結果が思わしくなかった原因が集約される。

　改善策を挙げるならば、ゲーミフィケーションチームとCTを統合した形にするのがよい。今回、特に問題であったのは、授業企画のチームが二つに分かれてしまったことだった。それぞれのチームの意図をすり合せ、より授業の単元全体を意識した授業を創り出すためには、企画のプロセスを分割せずに行なうのが理想だろう。人数が多くなる分、企画を行なうミーティングの質を上げるのが難しくなるだろうが、企画のステップを分割するよりもより効果的に企画ができるのではないだろうか？

　次にさらに、ゲーミフィケーションにこだわらず、CTのような企画のチームとは別に、外部の人がどのような関わり方を行なうことができるのかについて考察してみたい。読者が企画チームと外部のチームを持ち、その人たちと協同して働くときの参考になれば幸いである。

　　案①コーチとしての関わり方：コーチングを専門にしているコーチの方が外部から協力する方法として、二つ挙げることができる。一つは、企画のチームにグループのコーチとして入ってもらうこと。実際の企画のプロセスを進めていくのはCTだが、ここにコーチが外部から入ることによって、授業案とその実行の質を向上させることができるだろう。もう一つのコーチの関わり方は、学生へのコーチングだ。CTが作った指導

案の中で学生は学ぶことになるが、その学ぶプロセスを向上させるためにコーチングを活用することも考えられる。

案②デザイナーとしての関わり方：CTの行なっている活動や学生の様子を可視化し、授業協力者やボランティアの方を集めるために、チラシ・サイトの作成など、様々な観点でデザインを行なう。どのような表現が得意なデザイナーかによって、柔軟に役割を変えることで、デザイナーが行いたい業務を行なうことができるように注意することができる。

案③イベントプランナー・コミュニティオーガナイザーとしての関わり方：学生の学びを授業の外でも助けることができるように、授業協力者、CT、学生などを大きく巻き込んだイベントの実施を行なう。授業では行なうことができない要素をイベントなど、外部の機会を作ることによって実現できはしないだろうか？

案④研究者としての関わり方：学びや教育に関する分析を行なう関わり方も考えられる。ここでは授業には直接出席することができないという条件で考えているので、授業の中で取った数値や質問紙調査から、統計分析を行なうなどといったことが考えられるだろう。

このように、授業に直接参加できない協力者も、授業の企画プロセスや学生の学びの質の向上のために加担できる可能性がある。私のチームが担当したゲーミフィケーションを取り入れる活動自体も授業作りの質を上げる可能性を持っているが、上記のような他の役割を作り出すことも可能である。ぜひみなさんも協力してくれる人の考え方・スキルに合わせて、独自の授業作りを楽しんでみてはどうだろうか？

コラム⑩ ゲーミフィケーションの活用

坂井裕紀(2013 年後期,見学者,社会人)

　学習や仕事をゲーム化することを「ゲーミフィケーション」という。この授業にはゲームの要素がある。だから学生はプレイヤーとなって授業をゲームのように楽しむことができるのだと思う。

　ゲーミフィケーション(Gamification)とは、非ゲーム的文脈でゲームの要素やゲームデザイン技術を利用することをいう。"Game:ゲーム(遊び)"と"〜fication:フィケーション(〜化すること)"の二つの言葉を合わせた造語、すなわち「(物事の)ゲーム化」をいい、ゲームデザイナーのジェイン・マクゴニガルが率先して使い始めたことで流行した。最近では、このゲーミフィケーションが、従業員の生産性の向上や職場の活性化の為にも使われたり、学校現場において学生・生徒の学習意欲の促進などにも活用されたりしている。

　ゲーミフィケーションの代表的な構成要素である「ポイント」や「リワード(報酬)」がこの授業で活用されている例としては、「授業内容をクイズ形式に

表　ゲーミフィケーションの構成要素一覧

種類	地位を獲得したい 課題を達成したい	競争に勝ちたい	他人から認められたい 他人を支配したい	社会的に交わりたい 他人に貢献したい	心を充足させたい (Just for Fun)	モノを所有したい 収集したい
パハリアによる 6分類	Achievment	Competition	Self-expression Status	Altruism Gifting		Reward
Zichermann による 15のダイナミクス	Gaining Status		Recogtion for achievement Fame/Getting attention Being Hero	Leading others Gifting Nurturing Growing	Pattern recognition Organizing and creating order Suprise and Unexpected delight Flitation and Romance	Collecting
メカニクス	チャレンジ リワード チャンス	競争 (勝利)	勝利 フィードバック	協力 取引 交代		リソースの獲得 (リフード)
コンポーネント	アチーブメント バッジ (リーダーボード) レベル ポイント クエスト ボス戦	コンバット (クエスト) (ボス戦) (リーダーボード)	リーダーボード (アチーブメント) (バッジ)	ギフティング ソーシャルグラフ チーム	アバター	コレクション コンテンツのアンロック (リーダーボード) (ポイント) (バッジ) バーチャル商品

※ケビン・ワーバック、ダン・ハンターの「ゲーミフィケーションのメカニクス・コンポーネント」、Paharia の「ソーシャルゲームがプレイヤーを惹きつける 6 分類」、Zichermann の「プレイヤーを惹きつけて行動させる 15 のダイナミクス」を基にした一覧表(作成:坂井裕紀)

して学生に出題する」ことがある。「クイズに一つ正解する毎に1ポイント、どのチームが最も正解できるか？」と学生に投げかけることで、授業内容に興味の無い学生がポイントに反応してクイズに取り組むようになる。

　別の場面では、「われわれが勤める○○株式会社の機密情報が漏えいした。広報部の記者会見の成否が我が社の未来を決める。各チーム、情報メディアの取扱いを再検討して記者会見に備えよ」という演習が授業中に実施されていた。

　このワークでは、ゲーミフィケーションの構成要素から「物語性」や「世界観」を使っているため、単に情報メディアを教えるよりも学生の学習意欲が高まる。この授業は随所にゲーミフィケーションが活用されていることによって、学生はプレイヤーとなって授業をゲームのように楽しむことができる。このようにゲーミフィケーションは、学生の動機づけにおいては大きな意味を持っているのである。

参考文献

　ジェイン・マクゴニガル，妹尾堅一郎 監修 (2011)，『幸せな未来は「ゲーム」が創る』，早川書房

第3章

アクティブ・ラーニングを促進する新しい学習評価

　第3章は、授業の質保証を促進するリフレクションについて書かれている。アクティブ・ラーニングでは、従来の教育との異なり実践の場に近い学習体験の方法に注目が集まる。しかし、実際のところ学生は体験をしただけで終わってしまい、その後主体的な学びの姿勢がみえるかどうかは本人次第である。そうならないためには、リフレクションがなぜ必要なのか、またどのようなリフレクションの方法が、学生をアクティブ・ラーナーへ変身させることができるのかを説明している。

　この授業でおこなわれたリフレクションは、教員・授業協力者（Creative Team：CT）・見学者・学生のすべてが、授業を改善するツールとしての対話型リフレクションである。具体的なものとして、Midterm Student Feedback（MSF）、学生同士が相互に相手の言葉や感情を読み取りながら進めるリフレクション、プロジェクトの評価をする際によく使われる KPT（Keep・Problem・Try）という三つの視点で整理するフレームワークを使ったリフレクションなどをここで紹介する。

1．第三者による対話型リフレクション　　　　　　　　大木誠一
　　　コラム⑪：転移（transfer）とは？　　　　　　　　大木誠一
2．学びの意識と学びの場を改善するリフレクション　大木誠一
　　　コラム⑫：教えるのではなく、「学び合う」　　　　霧嶋　舞
3．次につながる主体的な学びを促すリフレクション　山本以和子
　　方法1．コーチングで次の学びをデザインする　　　坂本祐央子
　　　コラム⑬：アサーショントレーニング　　　　　　小西真人
　　　コラム⑭：見学者を巻き込め！授業は学びのコミュニティ
　　　　　　　　づくりと心得よ　　　　　　　　　　　水口幹之
　　方法2．次の挑戦を生み出すファシリテーション　　芳本賢治
　　　コラム⑮：クリッカーのシステムをつかった，スマートフォン
　　　　　　　　によるリフレクション方法　　　　　　田口　晋
　　　コラム⑯：メディアを使ったリフレクション―メタのメタから―　加藤尚子

1. 第三者による対話型リフレクション

大木誠一

　この章では、授業の質保証の問題と関連した新しい形式の学習評価について検討する。

⑴第三者による対話型リフレクションとは
　対話型リフレクションは、授業の質保証を実現する一つのツールである。それは、グループワーク概論に関わる教員・授業協力者(Creative Team：CT)・授業参加者(見学者)・学生が、授業を改善するツールであると同時に、授業に関わっているすべての人が自分の学びを振り返る(省察する)機会でもある。
　グループワーク概論では、見学者として授業に参加した他大学FD(Faculty Development)担当事務職員・大学教員・高校教員等の専門職が、対話型リフレクションを担当した。これは、教員・学生と利害関係の少ない第三者としての見学者が評価を実施することで、学生の率直な意見を引き出し、評価結果を客観的な立場から分析するためである。
　対話型リフレクション担当者が教室で回収した学生の意見は、評価終了直後に見学者・教員・CT・学生有志によって分類され、その日のうちに簡単な分析が行われる。その後、第三者である評価担当者が、より詳細な分析を実施し、次週の授業までに教員に改善所見をつけて分析結果を提出した。この所見に基づき、教員とCTは、授業の具体的な改善策を翌週の授業で学生に提示した。通常の学生による授業評価アンケートの場合、学生のコメント結果が教員に戻るまでかなり時間がかかる。そのため、当該授業に学生の意見を取り入れた改善は難しくなる。それに対して、この評価方法は、学生の意見を1週間後の授業に反映することを可能にする点で大きなメリットがある。

(2)対話型リフレクションの具体的な流れと内容の検討

　ここでは、2013年度に実施した対話型リフレクションの具体例を説明する。対話型リフレクションは、基本4週で構成されている各モジュールの最後の授業で実施され、授業全体で3回、すべてグループワーク形式によって行われた。第3章2節で詳しく述べるMidterm Student Feedback (MSF) の形式で実施された対話型リフレクションは、授業改善に関する学生からのフィードバックを得ることに焦点を当てており、前期・後期とも第1モジュールの最後に、最初の対話型リフレクションとして実施された。続く2回目・3回目のリフレクションもほぼ同様の形式で行われているが、学生の成長や成果・学習目標に関するフィードバックを得ることを重視した質問内容となっている。

　例えば、後期2回目の評価担当者は、成果考察・感想とともに「学生の「本音」に耳を傾ける」として、評価結果を表1にまとめている。

　「何がどのように変化・成長したか」という質問に対して、「他者とのコミュニケーション」を通じて成長を感じた者は21件・40.3％であり、「グループワーク（課題）」を通じて成長を感じた者は8件・15.4％だった。「履修後になりたい姿は？」という学生の学習目標を問う質問に対して、

表1　2回対話型リフレクションの結果要約

質問1　何がどのように変化・成長したか？（自由記述、回答文章数52）	
	他者とのコミュニケーションを通して 40.3％
	グループワークを通して 15.4％
質問2　履修後になりたい姿は？（自由記述、回答文章数52）	
	コミュニケーション能力の向上を目標 26.9％
	話す力の向上を目標 25.0％
	聞く力の向上 13.5％
質問3　より多くの学びを得るには？（自由記述、回答文章数53）	
	グループワーク・討論・アイスブレイクの増加について 43.4％
	CTの巡回について 13.2％
	授業の意義について 11.3％

「コミュニケーション能力」の向上を目標とした意見は14件と最も多く26.9%、次いで「話す力」の向上を目標とした意見は13件・25.0%であり、「聞く力」の向上を目標とした意見は7件・13.5%であった。「より多くの学びを得るには?」という質問に対して、「グループワーク／討論／アイスブレイクの増加」に関する意見は23件・43.4%であり最も多く、次いで「CTの巡回」に関する意見は7件・13.2%、「授業の意義」に関する意見は6件・11.3%だった。

後期3回目の評価担当者は、表2に結果の一部を要約している。

この中にある質問2「授業を受けてあなたの何がどのように変化・成長しましたか」は、学生の意識変化を見るために設けられており、3回の授業評価に共通した質問項目である。この質問に対して、特に変化成長なしなどの回答は、第1回目4件、第2回目3件、第3回目2件と少なく、後期の学生の大部分が、授業全体を通して自ら変化成長したと考えていることを示唆している。その変化は、第1回目の感情的な変化から第3

表2 第3回対話型リフレクションの結果要約（第1・2回結果の一部を含む）

質問1 この授業の主役は誰ですか（選択肢6、回答数35）	
	授業の参加者すべてが主役 54%
	学生が主役 31%
質問2 授業を受けてあなたの何がどのように変化・成長しましたか	
	（自由記述、回答文章数51）
	コミュニケーション力または対人関係が成長 90%
	第1回（自由記述、回答文章数47）
	話すことが愉しくなったなど感情的変化 60.1%
	第2回（自由記述、回答文章数52）
	コミュニケーション力または対人関係が成長 55.7%
質問3 全体を通じてこの授業は改善されましたか	
	（回答数35、4件法の回答を二つにまとめている）
	改善された 46%
	改善されなかった 54%
質問4 自己表現力を高めるために、今後、あなたが何をしようと思っているか具体的に書いてください（自由記述、回答文章数35）	
自己表現するための具体的な場と結び付けて目標を記述したものが多く、学生は、自己表現力をどこで活かしたいかを明確に意識している。	

回目のコミュニケーション力・対人関係が成長したとする学生の記述に見ることができる。

　次に、表2を参考に、授業評価を通して見えてくる2013年度後期の学生の意識をより詳細に検討する。質問1と2は、学生の多くが、授業の主役に学生自身が含まれていること、自らがコミュニケーション力や対人関係に関して改善・成長してきたと自覚していることを示している。このように学生が自らの変化を意識した結果、質問4において、学生の多くが自己表現の必要な場を具体的に想定し、自分の目標を比較的長い文章で記述できたと考える。しかし、質問3(授業改善)に、改善していないとの否定的な意見がかなり存在した。授業評価当日、授業評価を支援していた見学者から、自分が支援したグループ内のコミュニケーションに問題があったとの指摘があった。筒井は、後期モジュール1において、一部のグループが必ずしも十分に活性化していたとはいえない状況にあったと述べている。この状況は、3回目の評価担当者が見学者として参加したモジュール2・3ではずいぶん解消されていた。

　ただ、3回目の評価担当者が見学した2013年度前期授業と比較すると、後期学生のグループ内での活性度は低いように思われた。このことが、質問3において、授業改善について否定的な意見が多かったことにつながっていると想定できる。しかし、授業環境の改善に回答を限定した場合、机の配置や出席管理に関して、改善された・されなかった両方の回答が存在する。また、改善しなかった理由に変化なしとした回答が3件ある。机の配置や出欠確認方法が物理的に変化しているにもかかわらず、この変化を自分が認めるか認めないかということのみで、学生は評価している。これは、周りの環境変化を客観的に認知する力が学生に不足している可能性があることを示している。

　一方で、後期学生の多くが授業を通じて自らの変化と成長を意識している。この結果は、個々の学生が、感情や意識のレベルで様々な矛盾を抱え活動する存在であることを示唆している。受講動機には、授業への目的意識のなさ(友達が受講するからなど)と甘え(単位を取るのが簡単そうな

授業だからなど）が見られた。これは、最後まで大部分の学生意識の中に強く残っていたと考えられるが、以前のリフレクションを参照すると、最初のリフレクションで、多くの学生が愉しい授業だと感じており、2回目では、学生は成長していると感じ「何か役に立ちそう」「何か変えられそう」という感触をつかんでいる。そして最後は、コミュニケーションや対人関係について多くの学生が「何かをつかんだ感じがした」ことを示している。

　このようにこのリフレクションから、もともとは学習意欲の乏しい学生が、愉しさから授業に意欲的に参加し、リフレクションを通じて自らの改善・成長を意識することで、意識レベルでの矛盾を抱えながらも授業でコミュニケーション力や対人関係を構築しつつある姿の一面が見えてくる。将来の就職活動などを視野に入れている多くの学生は、そこで必要なことを、グループワークで実感し理解しつつある可能性が高い。

⑶グループワーク概論の構造と対話型リフレクション
　ここでは、グループワーク概論という授業全体の構造と、その中で対話型リフレクションがどのような役割を果たしているのかについて述べていく。
　グループワーク概論は、対話プロセスと対話型リフレクションによって、学生の能動的な取り組み姿勢と学習意欲の向上を目指すアクティブ・ラーニングである。平成24年中央教育審議会大学分科会は、生涯学び続けることと主体的に考える力が求められているとし、「教員と学生とが意思疎通を図りつつ、学生同士が切磋琢磨し、相互に刺激を与えながら知的に成長する課題解決型のアクティブ・ラーニング」を、質の高い教育として取り上げている。そして、多義的で種々の内容を含んでいるアクティブ・ラーニングは、現在、多くの大学で実施されるようになってきた。しかし、アクティブ・ラーニングにおける学びの活性化が、基礎知識習得の動機づけに必ずしもつながらず、授業の質向上のためにはカリキュラムの再組織化や単位制度の運用など、制度的改善が必要であるという

意見がある。これ以外にも、教員のスキル向上や評価の改善の必要性が指摘されている。グループワーク概論は、大学外からのCT・見学者が全面的に授業に関与することで、授業の質を保証しようとする試みである。この授業は、教員個人の努力や教育機関内の組織や制度の改善によらず、教室の制度的文脈を変更し、全入時代をむかえた大学が抱える学生の課題を解決しようとしている。

この授業で学生が獲得すると想定されている力と、平成20年中央教育審議会答申の中で学習成果に関して提示された「学士力」との対応を見ると、

1) 汎用的技能：コミュニケーション・スキル、論理的思考力、問題解決力
2) 態度・志向性：自己管理力、チームワーク・リーダーシップ、生涯学習力
3) 統合的学習経験と創造的思考力：自らが立てた新たな課題を解決する能力

が関連している。特に、コミュニケーション・スキルとチームワーク・リーダーシップは、学生の到達目標としてシラバスで取り上げている。しかし、「学士力」は、学びの成果に焦点を当てたものである。一方、グループワーク概論では、成果だけに注目するのではなく、成果を生み出す対話によるプロセスが重要であると考えている。

学びの共同体の実現を唱える佐藤学(2005)は、学びを三つの対話プロセスを統合した実践としてとらえている(図1)。

すなわち、状況との対話(世界について意味と関係を生み出す)、他者との対話(他者について意味と関係を生み出す)、自己との対話(自己について意味と関係を生み出す＝自己省察)である。また、学びは、意味と関係の再言語化であり文脈的再構成であるとしている。グループワーク概論では、佐藤学が定義する学びのうち他者との対話と自己との対話に主な焦点が当てられ、対話による学びあいの場が実現することを重視している。次に、この学びあいの場で、対話型リフレクションが果たす役割を省察という

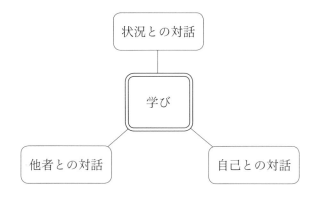

図1 学びを構成する三つの対話
出典：佐藤学の定義より、大木作成

概念を使って説明する。

　多くの大学で実施されている学生による授業評価は、自由記述つきのアンケート形式が中心である。これらの授業評価は、大学の説明責任を果たすために利用されている場合が多い。しかし、本来の目的である授業の改善のために、授業評価を学習コミュニティとの関連で検討する動きがある。例えば、学習成果に対する自己評価は学習コミュニティを通じてのみ高められ、学生が学習コミュニティへ参加し能動的に学習することで、自ら学びの意味を理解・認識することが重要であると指摘されている。また、授業とその改善を一つの学習コミュニティの形成過程ととらえ、授業評価を学習コミュニティ形成のツールとして考える意見もある。このように学生による授業評価は、教室内に協働的な学びあいの場を形成することに深く関わることができるツールである。

　グループワーク概論では、学びの質を向上させる手段として、対話型リフレクションが授業の中に組み込まれている。これは、学生と授業参加者が、対話を軸に授業を具体的に改善し学びの質を向上させていく省察的プロセスである。

　この省察という概念は、20世紀の初め、教育における重要性が指摘された(Dewey. J 1933)。その後、専門職(教師など)が、不確実で不安定な状

況に対応するために行っている「行為の中の省察」(Donald. A. Schön 2013)の意義が強調されるようになった。すなわち、状況と対話をする専門職は、状況に当てはめる新しい枠組みを見つけ出し、手立てを講じ、予想される結果を意味づけし評価しながら、状況を変化させる方向を決定している。これらを組み合わせることによって、専門職は、問題を抱える状況の改善を行っているということである。さらに省察という概念は、省察的授業という形で教師教育に持ち込まれ、理論と実践をつなぐものとして、省察プロセス(ALACT モデル)を利用するリアリスティック・アプローチ(F. Korthagen 2014)が提唱された。同時に、省察的態度を育み、分析し、構成し、解決策を創意工夫することは、学生・生徒にとっても基礎的な教育目標の一つであるとされている。

　さらに省察に関連して、OECD(経済開発協力機構)は、2003 年、若者に必要とされる能力(コンピテンシー)の開発が、世界の持続可能な発展と生活水準向上にとって最も重要なものであると主張し、三つのカテゴリーからなるキーコンピテンシーを提示した。そして、その核心は、省察的思考と行動であるとし、コンピテンシーの獲得と活用における省察の重要性を主張している(THE DEFINITION AND SELECTION OF KEY COMPETENCIES 2014)。

　このように、学びのプロセスにおける省察の重要性は、様々な形で指摘され続けてきた。現在、大学の授業には、様々なレベルの学習意欲を持つ学生が混在している。中には、意欲が低く継続的な学習習慣や大学で必要とされる十分な学力を身につけていない学生も見受けられる。その中で、学生が自らの学びを省察し自身の行動を変化させる機会を得ることは、「キーコンピテンシー」や「学士力」を獲得し活用するために是非とも必要である。

　グループワーク概論では、省察的プロセスである対話型リフレクション以外に、各授業終了後、大学内の Learning Commons を利用し、リアルタイムの改善を目的とする授業の FB 会(Feed Back：授業振り返り)が実施されている。そこでは、見学者・教員・CT・学生有志が集まり、率直

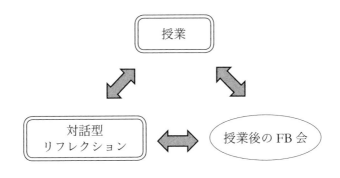

図2　第三者を含む授業改善のためのツール

な意見交換が行われている。その日のうちに、教員・CTはこの振り返り結果を次の授業に反映するため、研究室において内容を検討し、来週の大まかな授業企画と役割分担を行っていた。このように、グループワーク概論には、授業に組み込まれた第三者による対話型リフレクションと、授業外で行われる見学者・教員・CT・学生有志によるFB会という二つの異なるツールが、授業改善と自らの学びを省察するために用意されている。

これらのツールを通して、教室という学びの場が教室外に拡張され、授業に関係するすべての者が学びあいを実践する場となっている。すなわち、対話型リフレクションと授業直後のFB会は、授業の改善点が対話やコメントとして言語化されることで、越境的で水平的な関係にあるすべての授業関係者に省察を促す仕組みとなっている。この仕組みを通して、学生や授業参加者が、何をできるようになるかを以下にまとめる。

1　学生個人
◇授業で経験したことを自己省察し、その経験を意味づけながら、自らの学びを分析し、これからの授業における自分の目標を設定することができる
◇グループワークにおける人間関係を省察する中で、自他の感情に気

づきお互いの感情を尊重しながら、共感できる関係を築き協働することができる
◇教員と授業参加者に対して改善を求めるコメントを記述することで、授業の進め方や内容を批判的で建設的なスタンスで振り返ることができる

2　教員と授業参加者
個人として
◇越境的で水平的な関係にあるチーム内の対話は、自らの活動を自己省察する機会となり、実践における自らの役割を見直すことができる
授業を運営するチームとして
◇越境的で水平的な関係にある教員・CT・見学者・学生有志は、常に固定されたメンバーではないにもかかわらず、授業に対する具体的な改善点と解決策を素早く見つけ出し、効果的に授業を改善していくことができる

⑷対話型リフレクションを媒介として拡張した学びあいの場

　この節は、対話型リフレクションを通して教室外に拡張した学びあいの場を分析するための枠組みと概念を1)で示し、2)では、2013年度後期授業の事例をもとにして学生の学びが授業外で活用される可能性について検討する。

　1　転移と拡張的学習について
　授業での学びが授業外の生活で活用される（以下、これを転移と表記する）ためには、学生は、学んできたものを現実生活に適用できるように学ぶ必要がある。しかし、学生の理解した程度に関わらず、現実での適用につながるかどうかは不確実である。つまり、不確実で不安定な状況や学校とは異なる文脈によって、学生の転移は大きく影響される。したがって、転移の可能性を検討するためには、学生が何を獲得したか・何ができる

ようになったかに焦点を当てるより、むしろ、転移が実現するような場や文脈が提供されているのか、そこで転移が実現する可能性が高いのかを分析する必要がある。

そこで、状況によって異なる文脈を介入的研究の分析単位に組み込んだ文化歴史的活動理論の枠組み (T. Tuomi-Grohn and Y. Engestrom 2003) と、そこで提示されるいくつかの概念を使って転移の可能性を検討する。

文化歴史的活動理論では、分析単位を活動システムとしている。その構成要素は、主体・対象・媒介する人工物と社会的な文脈を示すルール・コミュニティ・分業である。これら要素間の相互作用によって生じる活動システムの動的で質的な変化は、拡張的学習というサイクル(図3)で説明される。すなわち、(1)実践に対する疑問から始まり(2)システム内の矛盾を討論・分析することで(3)解決策としての新モデルを導いた後(4)そのモデルを検証し(5)実践する(6)実践後の振り返りを通して(7)その実践を強化・拡散する動的なサイクルである。それは、活動システムに新たな文脈を創造し、活動システムを質的に転換していく過程である。

さらに、Y. Engestrom (2013) は、近年、相対的に安定したネットワーク

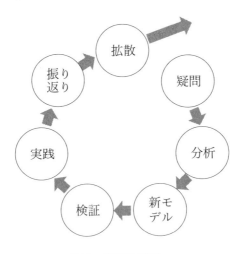

図3　拡張的学習

出典：大木作成

や協調的問題解決のため編成されるチームという枠組みでは、多重化した活動システム内の越境的協働を分析することに限界があると指摘し、ノット（knots）とノットワーキング（knotworking）という概念を提唱している。ノット（結び目）とは、比較的緩やかで水平的・越境的な関係で結ばれた行為者が活発に活動する協働内で結びつく即興的統合である。ノットワーキングとは、事前に準備された規則やコントロールセンターが曖昧なまま成立する即興的なノットが一定の期間継続する現象である。これらの概念は、境界を越えた組織や仕事における協働内の創発を分析・理解しようとするものであり、拡張的学習の越境的な形態としてとらえられている。

そして、この節で検討する異なる文脈を持つ活動システム間で生ずる転移については、学校と職場間などで起こる転移に焦点を当てたいくつかの研究を通して、発達的転移という概念が示され、各々の活動システム内の拡張的学習のサイクルとして分析することが可能であると指摘している。

以下では、授業に関わるすべての者が関係している教室内外での学びの場を「活動システム」ととらえ、そこで行われている越境的な協働の特徴を「ノットおよびノットワーキング」・「拡張的学習」という概念を使用して分析し、これらの場を通して、学生が、授業外の場面で「発達的転移」を引き起こす可能性について検討する。

２　拡張した学びあいの場の特徴と転移の可能性

グループワーク概論を通して教室外に拡張した学びあいの場で、発達的転移が促進されるならば、授業参加者が関係する協働内に、拡張的学習サイクルを示唆する過程が見られるかどうかに注目しなければならない。そこで、教室外に拡張した学びあいの場(1)授業企画段階での筒井とCTの関係、(2)授業直後のFB会内での参加者間の関係と、(3)教室内のCTと学生間の関係に焦点を当てる。大学外からのCTと見学者による実践は、大学が現在抱える学生の学習意欲低下等の課題を克服するための

新しい授業実践のモデルである。ここで、このモデルを検証・強化・拡大する動的な過程としての拡張的学習のサイクルが見られるかどうかを検討する。

　授業企画段階での関係は、新しい授業を創りたいという思いを共有する無償のボランティアであるCTと教員の関係である。それは、授業づくりのパートナーとしての、水平的で大学の枠組みを越えた関係である。コマシラバス作成とワークを実践するCTは、常時固定したメンバーが参加するのではない。授業に対する最終責任者は形式的には教員だが、実質的に教員とCTの間で責任は分散して共有されている。そこで、教員はトータルコーディネーターとして機能しているが、すべてを決定する唯一の中心的権威として存在するわけではない。次に、授業直後のFB会は、教員・CT・見学者・学生で構成され、教員以外は任意の参加である。ここは、直前の授業を、率直に、時には厳しく振り返る参加者同士の自由な意見交換の場であった。FB会の結果は、その日のうちに教員とCT、時には学生を交え検討され、次回の授業に反映される。

　毎週、教員とCTが協働する場が設けられ、授業前に授業内容の企画確認と役割分担が行われ、授業後には、今後の授業内容の修正を検討している。この繰り返しのなかで、事前に提示されている授業内容は、学生の状況に合わせて修正され変化・改善されていく。このような協働における結びつきを「ノット」とし、それが連続する状況を「ノットワーキング」としてみなすことは可能である。CTと教員・学生有志が毎週、協働し授業を創りだしていく場には、拡張的学習において新しいモデルを検証・強化する動的な過程が見られる。その中で時には、CTと教員の間で授業の内容や進め方について対立が生じる場合があった。また、学生からCTと教員に、鋭い指摘や要望が出されたこともあった。このような対立や指摘には、教員が中心となって対処したが、必要に迫られた場合、授業中教員の意向を受けて見学者がグループワークを次の段階に進めるように積極的に学生を支援・誘導したこともあった。

　最後に、教室内の関係である。大学外からの授業に参加するCTは、

学生にとって、グループワークにおけるファシリテーターや学びあいのパートナーと受け取られている。この関係は、従来の教室における教員・学生間の垂直的な関係ではなくより水平的で越境的な関係である。ここで、学生が今まで持っていた思考や行動パターンを変化させ、学生同士、学生とCT・見学者との間で新しい関係を結び、グループワーク内の活動を活性化させながら、授業を継続的に変化させている事実は見いだせるだろうか。

　授業ではモジュールごとにグループのメンバーが変更される。その度ごとに、学生は、馴染みのない学生や新たに参加した見学者と関係を結びなおしつつ、グループに与えられた課題をこなしていかなければならない。2013年後期学生には、新しいメンバーや見学者との関係づくりに苦労しながらも、何とか課題を達成しようとする姿勢が見受けられた。

　また、前に述べたように、学生は授業を通して自ら変化しつつあるという意識と授業に対する不満を持っていた。このような意識上の矛盾を抱えながらも、学生は授業に継続的に参加し、グループワークを通して自らの思考と行動を変化させようとしていた。しかし、2013年度後期は、グループワークの活性化度は十分でなく、学生同士、学生とCT・見学者間の関係が大きく変化するまでに至らなかった。変化は学生個人の主観的レベルにとどまり、彼らを取り巻く関係性を自ら大きく変化させることはなかった。このような状況の中で、発達的転移が学生すべてに起こる可能性は低かった。

　ただ、なかには学んだことを活用するすなわち発達的転移を実現する可能性が高く、自分を取り囲む様々な環境を変化させ・新たな関係を創造することができる主体となりそうな学生が少数存在した。例えば、全体授業の最後に行われた授業評価が終了した後、残りの10数分間は、学生が指名されることなく自ら名乗り出て、自分の将来に対する決意表明を行う時間とされた。見学者には名乗りを上げる学生がいないと想定されるプレッシャーのかかる場面で、数名の学生が自発的に決意表明を行った。また、最終授業終了後に行われた授業評価の分析には、すべての授

業活動が終了した後にもかかわらず2名の学生が参加した。

　ところで、すべての場に関わっていたCTは、この授業からどのような影響を受けたのだろうか。後期の最初から最後まで授業を担当したA氏は、「CTとして、自分にできる役割は何かと常に考えるようになり、授業構成の際に互いの強みがわかったうえでの役割分担や意志疎通が行われていた」と語っている。また、前期のCTに対して、「全体を通じて、あなた自身はどのように変化しましたか」というインタビューを試みた。前期CT全員が、自らのコミュニケーション力やプレゼンテーション能力に大きな変化があったと答えている。このようにCTは、これらの場を通して自ら大きく変化することができたようである。

　グループワーク概論は、授業の企画〜実践の場に学外者を取り込むことと、リフレクションと授業を一体化した実践である。それは、すべての参加者間の関係を質的変化させることによって、大学の制度的文脈を越えた新しい学びあいの場を教室内外に創りだした。意欲に乏しく矛盾を抱える学生は、この場に能動的に参加し自らの意識を変化させてきた。この実践は、大学外から授業に参加するCT・見学者が全面的に授業とリフレクションに関わることによって、教員と学生という関係のみで成立してきた授業の在り方を革新し、今までにない新しい学びあいの場を創出した。

　大学生が多様化する中、学習意欲に課題がある学生の多くは、授業に対して受動的な取り組み姿勢に終始している。これを改善するため、多くの大学では、教員の個人的努力や組織的な強制措置によって、この問題に対処しようとしてきた。しかし、対話型リフレクションは、授業の質を保証するため大学外から授業に参加する者を含むすべての授業関係者が授業改善を実践し、自らの学びを省察するという試みである。これは、学習評価の枠組み自体のパラダイムシフトである。

参考文献

　佐藤学（2005），Katsuhiro Yamazumi, "New Learning Challenges: Going beyond the industrial age system of school and work" *Toward Dialogic through Mediated Activity: Theoretical Foundation for Constructing Learning Community*, KANSAI UNIVERSITY PRESS, pp.123-124.

Dewey. J. (1933), How we think:A restatement of the relation of reflective thinking to the educative prosess, p.1, Boston、New York D. C. Heath and Co., p.2.
「省察は、単に連続している考えだけでなく結果を含んでいる－それは、省察の適切な出力として先のことを決定する一貫した秩序化である、一方、前に起こったことに戻って学ぶものでもある。」

Donald. A. Schön (2007), 柳沢昌一・三輪健二監訳,『省察的実践とは何か－プロフェッショナルの行為と思考』, 鳳書房, p.151, p.181.

F. Korthagen (2014), 武田信子監訳,『教師教育学－理論と実践をつなぐリアリスティック・アプローチ－』, 学文社, pp.53-54, p.99.
「経験による学びの理想的なプロセスとは、行為と省察が代わる代わる行われるものである…(中略)…それらは、行為 (Action)、行為の振り返り (Looking back the action)、本質的な諸相への気づき (Awareness of essential aspects)、行為の選択の拡大 (Creating alternative methods of action)、そして試行 (Trial) である。試行は、その行為自体が新しい行為であるので、新しい循環の出発点ともなる。」この5局面の頭文字をとって ALACT モデルと呼ばれている。

THE DEFINITION AND SELECTION OF KEY COMPETENCIES (2014) http://www.oecd.org/pisa/35070367.pdf, pp.8-9, 2014/08/31
「コンピテンシーとは、知識や技能だけでなく、職場や地域生活など特定の場面で、私たちが複雑な要求・課題に対応することができる態度や行動を含む総合的な力である」と定義している。
「省察的思考は、比較的複雑な心理的プロセスであり、思考プロセスの主体が省察の対象となる必要がある。省察的な個々人は、省察した後に実践と活動を行う。省察は、メタ認知的スキル(思考についての思考)・創造的能力・批判的スタンスを取ることを含んでいる。それは、どのように思考するかだけではなく、思考や感情・社会関係を含みながらどのようにして経験をより一般的に構築するかを意味している。これは、個々人が社会的プレッシャーから距離を取り、異なる視点を持ち、独立した判断を行い、自分の活動に対する責任を取ることを可能にするような社会的成熟のレベルに到達することを求めている」

T. Tuomi-Grohn and Y. Engestrom (2003), "Conceptualizing Transfe",Between School and Work, ELSEVIER SCIENCE Ltd, 2003, p.28 .

Y. Engestrom, 山住勝広等訳 (2013),『ノットワークする活動理論』, 新曜社, p.311, p.334.

コラム⑪ 転移(transfer)とは？

大木誠一

　学生が、将来生活する職場などの場所で次々起こる異なる課題や問題を解決するために、自分が学んできたことを活用することができるようになるということは、学校教育の目標の一つです。このようなプロセスを、心理学では転移と呼んできました。転移は、学校だけでなくある状況(文脈)で学ばれた知識やスキルが、新しい状況で活用される状態を示す言葉です。学校内でも、転移は起こります。例えば、学生が以前のものとは異なる新しい課題や問題の解決に取り組む時、以前に学んだ知識やスキルを活用することをイメージしてください。その時、学生は、自分が持っている知識やスキルを活用し、解決するための適切な戦略を自分自身で選択し、計画を立てそれを実行するなかで、自分が進めている経過をモニターし、修正が必要と判断したところを改善していきます。そして、最終的に、どのように課題が解決されたかを自ら評価するというプロセスが見られる場合、それを転移と見なすことは可能です。

　このように転移という考え方は、それまでに学生の得た学びが、新たな状況で異なる課題を正しく解決することに反映されるということを仮定しています。しかし、今までの転移に関する研究は、学校のある科目で教えられたことを、学科を越えた異なる問題や、学校外の新しい分野に転移させることができるという明確な証拠を生みだしていません。つまり、学校において、一つの学科に強みを持つ学生と、様々な学科において熟達した問題解決者である学生のどちらが、学校外の新しい分野で問題解決能力をよりうまく発揮できるかどうかや、高校までの授業における実践と経験が、大学や学校外の活動で必要なスキルに転移する可能性を増大させるかどうかについては、現在、未解決の問題です。

　知識は、容易に転移しません。転移には限界があるようです。知識が学ばれた状況と固く結びついているため、転移は、いつでもどこでも可能であるというものではありません。効果的な授業方法が使われた場合、その学科の範囲内または、その知識の領域内で、転移は可能です。新しい状況や課題に、以前学んだことのある一般的原則が含まれており、それが理解されている時、

転移は実現する可能性が高くなります。また、知識が一つの特殊な状況で教えられた時、知識は状況に強く束縛された状態になり転移を妨げてしまいます。つまり、転移は、一つの状況で得た知識ではなく、多様な異なる状況から学んだ知識によって支えられているということです。同時に、学生が学んだことを転移する能力は、多くの要因に依存しています。また、学生の学びがある上限（閾値）に到達しなければ、転移は実現しません。一方、問題の構造やそこに含まれる一般原則の深い理解と解決方法を発達させる意味のある学びは、転移を導く可能性が高く、特殊な問題や問題解決手続きを丸暗記することは、転移を導きません。学生が、多様な文脈で深い理解と意味ある学びを実践し、転移可能な閾値に到達するためには、かなりの時間と努力が必要です。

参考文献

National Research Council.（2000）. How people learn: Brain, mind, experience, and school. J.D. Bransford, A.L. Brown, and R.R. Cocking（Eds.）, Committee on Developments in the Science of Learning. Commission on Behavioral and Social Sciences and Education. Washington, D. C.：National Academy Press.

National Research Council.（2012）. Education for Life and Work: Developing Transferable Knowledge and Skills in the 21st Century, James W. Pellegrino and Margaret L. Hilton（Eds.）, Committee on Defining Deeper Learning and 21st Century Skills. Committee on Defining Deeper Learning and 21st Century Skills. Washington, D. C.：The National Academies Press.

2．学びの意識と学びの場を改善するリフレクション

大木誠一

(1)はじめに

　学生によるフィードバックは、学生の学びや達成度にポジティブにもネガティブにも影響することができる強力なツールである。日本のほとんどの大学で実施されている学期末の学生による授業評価は、授業の質を保証するための総括的評価である。このような評価の問題点は、以下の**表1**のとおりである(Harris. G. L.& Stevens. D. D. 2013)。学期末の学生に

表1　学期末の学生による授業評価の問題点

学生の評価について
◇授業中の負荷が多いと感じた時、期待より低い評価を受け取った時、学生は低い評価を行う傾向がある
◇学生のより高い評価は、必ずしも効果的な授業であることを意味していない
◇学びの測定が客観的になればなるほど、学生の評価と学びの出力との相関は低くなる
教員に対する評価について
◇経験の少ない教員がより高い評価を受け、経験豊富な教員が、深い学びを提供していたとしても、低く厳しい評価がくだされる
◇低い学生の評価は、教員が新しい技術・知識を伴う試みを抑制し、教員が最も学生に役に立つと信じているものを放棄させることを引き起こすかもしれない
◇よい教員の統一的な定義が欠如し、教え方を見定めるための方法論における不一致が存在している
結果の信頼性について
◇結果が、クラスの規模・教員に対する好き嫌い・ジェンダー・選択科目か必修科目かに影響されており、信頼性と妥当性に問題がある。そして、その影響は、他の要因とも関係し直接的でない可能性がある
◇教え方の効果を測定する変数が何であるかを突き止めることは、学生の評価が多様な要因を反映しているため困難である
その他
◇何がよい授業を構成しているのか、よい授業のためにどのように改善していくのかについて、意見は全く一致していない
◇学部・学科などの組織が、教え方の結果をどのように測定するかについて同意できない

よる授業評価は、そもそも何を測定できているかに問題がある。このような評価は、説明責任のための道具として有用かもしれないが、授業改善のためには参考資料にすぎない。これを授業改善のために活用するには、評価方法そのものを見直す必要がある。

　最近、評価の役割は、テストという伝統的な形式(総括的評価)を越えて拡張されなければならないとする考えが出てきている。特に、進行中の授業の中で頻繁に用いられる形成的評価は、学生自身と学生のグループが何を考えているかを教員に見えるものにすることができる。形成的評価から得られる学生からのフィードバックは、授業を改善するために役立つだけでなく、学生が自らの思考を調整し洗練することを可能にしている。また、テストのように成績と結びつく評価は、学生の深い理解を伴う学びを妨げるという主張もある。すなわち、評価は、単に文脈に無関係な事実や繰り返される手続き・スキルを確認するだけでなく、むしろ、学生の理解を伴う深く高度な思考を促進するものでなければならないとし、その手段としての形成的評価を重視している。

　次に、授業の途中で得た学生からのフィードバックを授業改善に結び付ける形成的評価の事例として、Midterm Student Feedback を紹介する。

⑵ Midterm Student Feedback (MSF)

　MSF の事例は日本では数少ないが、授業コンサルテーションにおける手法の一つとして愛媛大学などで実施されてきた。MSF は、学期中間期に教育コンサルタントが担当し、グループワーク形式で実施されるものである(佐藤浩章 2009)。学期末の学生による授業評価と同様の形式で学期の中間に実施される評価は、分析結果や改善策がすぐに示されることはほとんどない。そのため、目の前の授業を受けている学生にとって、授業改善の恩恵を受け取ることは難しい。一方、MSF は、学期末の学生による授業評価とともに用いられることも多いが、学生の出力と授業をよりよいものにするため学期の途中で使われ、授業を適宜修正する手法である。

MSFの効果については、MSFを懇願されて実施した教員が学期末の学生による授業評価を上昇させ、コンサルテーションを伴うMSFを自ら運営した教員は、より高い授業評価を得たという事例がある（Cohen 1980）。また、継続的な効果については、10数年にわたる研究をとおしてMSFを長く利用している教員が、改善を持続しつづけてきたことが明らかにされている（Marsh & Hocevar 1991）。その他、以下のような効果もある（Overall & Marsh 1979）。
　◇学期末の学生による授業評価が高くなる
　◇教員が、授業改善に動機づけられる
　◇学期が終了するまでに、教員が授業を改善できる
　◇MSFと学生の出力との間に、正の相関関係が認められる
　教室には、MSFを媒介とした学生のフィードバックによって、教員と学生の間に相互の学びと成長を促す環境が構築されている。日本では、Midterm Student Feedbackを利用した授業コンサルテーションは、教員が授業改善しようとする動機を高め、教員の行動を変化させたという点で効果があると報告されている。一方、この分析は、教員や学生の記述をもとにしたもので客観性に問題があるとし、介入するポイント（教員の説明速度等）を絞りこみ、その変化を追跡する必要性が指摘されている（佐藤浩章 2009）。

⑶ MSFの事例
　MSFを利用した授業評価は、学生のフィードバックを得る手法として佐藤（2009）と同様のものを用い、2013年度前期・後期、2014年度前期の中間期に実施された。しかし、学生のフィードバックを分析する過程は、授業コンサルテーションと異なり、すべての授業参加者（学生も含む）が行う独自の形式である。実施担当者は、MSFの研修を受けた大学事務職員・大学教員や他の専門職である。具体的な手順は、**表2**のとおりである。
　次に、2014年度「グループワーク概論」で行われたMSFの結果の要約と報告内容を述べ、MSFから読み取れる学生の意識について検討する。
　2014年5月12日第5回授業で、MSFを利用した学生による授業評価が実

表2 MSFの手順

1. 事前の準備
◇MSF担当者が、事前に授業担当者と授業改善について話し合う
◇MSF担当者は、実施前に数回授業を見学し、学生やCTの活動を観察
◇授業担当者は、事前にMSFを利用した授業評価が、大学外の第三者によって行われることを学生に告知
MSFのための教室のセッティング
◇学生は、5人から6人のグループ単位で着席
◇コメントを書くために大きめの付箋紙を用意
2. MSF当日の進行
◇授業担当者が、MSFを担当する学生と利害関係のない第三者を紹介
◇授業担当者が、MSFについて簡単に説明後、教室から退出
MSF担当者による学生への説明
◇MSF担当者の自己紹介
◇授業評価が成績と関係がない
◇コメントは、個人が特定できない形で授業担当者に伝えることを強調
◇MSFの内容と注意点を詳しく説明
質問
◇学生は、1コメントに1枚の付箋紙を使用（無記名）
◇学生は、質問ごとにグループ内でお互いにコメントの内容を確認し、自分のコメントがMSF担当者に伝わる内容になっているかを確認
◇すべての質問終了後、学生は、グループごとに、どのような意見が出たかを発表、それに対するMSF担当者のコメントなし（2014年度後期のみ）
質問1　履修登録した段階での動機を書いてください（2014年度前期のみ）
質問2　学びたいという気持ちを促進した場面や授業担当者の言動をできるだけ具体的に書いてください
質問3　学びたいという気持ちを低下させた場面や授業担当者の言動・場面や、さらに良い授業にするにはどうすればよいか具体的に書いてください
質問4　CTや見学者について、意見があれば書いてください
MSF終了後
◇付箋紙を回収後、MSF担当者は退出し、授業担当者が教室に入る
◇授業終了後、任意の学生を含む授業参加者すべてが、提出されたコメントを分類・整理・簡単な分析を行う
◇MSF担当者は、次の授業までにコメントに関する詳細な分析を行い、テキスト化したデータと改善のためのコメントを教員に伝える
◇次の授業で、授業担当者は学生のコメントに対する意見と、授業の具体的な改善策を提示する。そのうち、すぐに実施できる改善は、その場で実行する

施された。学生のコメントを分析するため、受講動機の内容に基づき学生を四つのグループに分けた。学生のコメントを要約・分類した表3とともに、授業評価者によるコメントが、以下のような内容で教員に提出された。

A) コミュニケーション等が苦手(7名)

第2回授業で、コミュニケーション能力について学生による自己評価を行った。自己評価において会話が苦手と答えていた7名とこのグループに属する学生は、同じ人物の可能性が高い。学びが促進されたかという質問に、苦手を克服との回答が5件あった。このグループの多くは、苦手意識を克服しつつあると感じている可能性が高い。

B) 授業への期待が明確なグループ(13名)

学びが促進されたかという質問に、1人で複数のコメントを書いた学生がいる。授業への期待が明確なこのグループは、複数のコメントをしている可能性が高い。このグループは期待が高いだけに、その要求レベルは高くなるだろう。一方、望むものが得られないと、授業への改善要求は高まると思われる。

C) 単位取得・時間割の都合のために履修したグループ(10名)

このグループは、授業内容に何も期待していない可能性が高い。出席して静かに受講していれば、単位は取得できるだろうと考えているかもしれない。

表3 2014年度前期第1回MSFの結果要約

学生自身の学びが成長・変化した（コメント数40）
CT・見学者に関するコメント 35.0%
コミュニケーション（話す・聞く）に関連したコメント 27.5%
自分に関する気づき 15.0%
対人関係に関係するコメント 12.5%
授業内容に関するコメント 10.0%
学びたいという気持ちを減退させた・改善してほしい（コメント数32）
CT・見学者に関するもの 40.6%
授業内容・目的 43.8%
その他 15.6%

D) 筒井の授業だから(2名)・愉しそうな授業だから履修した(2名)
　このグループは、筒井の授業だから愉しいし、愉しければ不満を持たないだろう。

　学生のコメントは、学びが変化・成長したとするコメントが40件、学びが減退した・改善してほしいとするコメントが32件であった。そのうち、授業の目的、CT・見学者について、27件の疑問や改善要求が書かれていた。これらは、期待が明確なB)グループと学習意欲が低いと想定できるC)グループからのコメントである可能性は高い。しかし、この二つのグループが求めている改善の質は、かなり異なる可能性がある。また、苦手意識を持つA)グループには、個別の学生ごとにきめ細かな対応が必要であろう。このように、どのグループを授業のターゲットとし、どのように改善すべきか十分検討する必要がある。一方、それ以外のグループへの対応は、グループワークの中で意欲を高めていく方策を練る必要がある。

　MSFを実施した次の週、教員とCTは学生に授業の目標を再度丁寧に説明し、そのほかの具体的な改善策を学生に提示した。その結果、シラバスが一部変更され、CTや見学者に役割を明確にする目的とチームビルディングを強化するためのグループワークが追加された。その後、2回目の授業評価では、CTと見学者の役割を問うコメントは全くなくなり、CT・見学者の個人名を挙げたポジティブな意見が見られるようになった。なお、2回目以降の授業評価は、MSFと異なり授業担当者が教室にとどまっていたが、それ以外はMSFと同様の質問・分析方法が用いられた。

⑷まとめ
　MSFは、学期の中間で実施され授業に対する学生のコメントを書かせるものであり、グループワーク形式で実施された。これは、授業担当者にとって、授業の方向を修正し、目の前の学生に対応した授業内容に変更するための強力なツールである。そして、その効果は、それ以降に続く授業評価によってさらに高まっていく。同時に、MSFがグループワーク形式で実施されることで、学生は、学期の途中で他の学生のコメント

を見ながら自らの学びを省察することができる。2013・2014年度とも、MSF実施後に、学生はより積極的にグループワークに取り組むようになった。学生の活動が活性化されたことによって、学生がポジティブな学びの体験をすることが可能になっている。MSFによって、学生と授業担当者間の関係もよりよい方向に改善され、学生は、学びに対する自らの考え方や行動を少しずつ変化させてきた。

　MSFは、「省察的実践者」(Donald. A. Schön 2013)としての授業担当者にとって、実践を改善するために使えるかなり効果的なツールであり、学生にとっては、自己省察によって自らの学びとその出力を改善できる学生主体のツールでもある。つまり、MSFは、学生に他の授業や授業外の場面で活用できる学びを創りだす機会と場を与えるものである。しかし、MSFの結果は、学生の出力を客観的に把握できる手法ではない。学生の出力を客観的に把握するための分析とMSFを併用することで、より適切な授業改善を実施し学生の学びを促進することができるだろう。

参考文献

Cohen, P. A.(1980),' Effectiveness of student-rating feedback for improving college instruction' *A meta-analysis. Research in Higher Education 13*, pp. 321-341.

Donald. A. Schön, 柳沢昌一・三輪健二監訳(2013),『省察的実践とは何か―プロフェッショナルの行為と思考』鳳書房, p.195, p.317, p.355.

Harris.G. L. & Stevens.D. D.(2013),' The value of midterm student feedback in cross-disciplinary graduate programs' *Journal of Public Administration Education19 (3)*, pp. 537-558.

Marsh. H. W. & Hocevar.D.(1991), 'Students' evaluations of teaching effectiveness: The stability of mean ratings of the same teachers over a 13-year period'. *Teaching and Teacher Education 7*, pp 303-314.

Overall, J. U. & Marsh. H.(1979),' W. Midterm feedback from student: Its relationship to instructional improvement and students' cognitive and affective outcomes' *Journal of Educational Psychology 71 (6)*, pp. 856-865.

佐藤浩章(2009),「FDにおける臨床研究の必要性とその課題―授業コンサルテーションの効果測定を事例に― 」『名古屋高等教育研究第9号』pp.188-196

コラム⑫ 教えるのではなく、「学び合う」

霧嶋舞（2015年前期，CT，学生）

「これ、おもしろくないよ」という言葉にひやっとしませんか？ 授業の作り手からすると非常に耳の痛い言葉です。私はこの言葉を、教授や、見学者、授業協力者（Creative Team: CT）からではなく、学生から聞かされました。

私は2015年度前期CT5名のうち、唯一の大学生でした。社会人のメンバーと比べると、経験も知識もありません。しかし、学生のリアルな視点を持っています。いつも受けているつまらない大学の授業をおもしろくしたいという一心でCTに加わりました。

モジュール1では、「自分を知る」という目標がありました。学生各自が何に興味があるのかに気づいてもらうために、CTの興味関心をプレゼンし、それに惹かれた学生でチームを形成しました。私たちのチームのテーマは「写真」。個人として興味関心はあっても、それをチームで話をするのは難しいという壁にぶつかりました。そもそも自分が感覚的に好きなものを、相手に伝えることは簡単にできることではありません。チームメンバー全員が、好きなはずの「写真」で頭を悩ませることになりました。

私は、ある案を提示しました。「みんなが撮った写真をもとに、クイズをしてみよう。そうすれば、多角的な視点を感じてもらえそう。どうかな？」……すると、少しの沈黙を経て、学生たちから「これ、おもしろくないよ」の言葉が返ってきたのです。

「写真の良さって、撮るからこそわかるんだよね。」
「なんか、言葉では表しにくい。無理にして言葉にする必要ってあるの？」
「写真面白い！って思ってもらうなら、実際に撮ってもらわなくちゃ。」

CTの私が口をはさむ暇もなく、学生たちから意見が出てきました。彼らは自分たちの好きなものを、他の人たちに伝えるためにどうすればいいのかを真剣に考えていたのです。結果、私たちのチームは「隣の人と、携帯電話のインカメラでツーショット写真を撮る」というグループワークを作り出しました。CTがグループワークを主導するはずなのに、学生が自らワークを考案し、他のグループの学生に写真を撮るというワークをさせることになりました。

これは、学生たちが、与えられた枠を超える学びをした瞬間です。指示されたことに対して、「〜をやりましょう」では得られない経験を、学生は、彼ら自身で成し得たのです。学生は、なぜ「主体性」を発揮できたのでしょうか。私は、学生たちが作り手に転じる条件が三点あると考えます。
　①「なんのために」が、決まっていること
　②「なにをする」が、決まっていないこと
　③「なにをする」の決定権を学生に委ねること
　これらの条件がすべて揃ったとき、学生が主体性を発揮しやすい状態となります。今回の場合、「写真の楽しさをみんなに伝えるため」ということは明らかでしたが、その手段（なにをする）は決まっていませんでした。そして、CTである私が、学生たちにワークの在り方を問いかけ、決定権を委ねることで彼らの主体性が湧き出るように発揮されたと考えています。
　現在大学生の私は、ただ一方的に話を聞くだけの講義形式の授業に対して疑問を持っています。学生に主体性を持ってほしいと願う教員の思いとは裏腹に、それを発揮するタイミングが与えられない学生。私が感じているこの壁を取り払うためには、まず「教員が教壇を降りること」、そして、教員も、学生も、双方が学び手となり、「これ、おもしろいね」と共に言い合える関係性が理想だと思います。

3. 次につながる主体的な学びを促すリフレクション

山本以和子

(1)学生の学びに対する問題意識

　本授業のような実践型学習において、学生は体験するだけで満足していないか、そのことにより単発的な「アクティビティ・ラーニング(体験型学習)」になっていないかという懸念がつきまとうものである。学生の多くは、学習指導要領にあるような系統に即した学習内容を順番に学んでいく学習法に慣れている。段階的に積み上げ型で学習する場合、取得すべき学習目標が比較的わかりやすくなっている。しかし、実践型学習を導入する場合、この目標設定で教員は大いに困惑する。それは、シラバスぐらいの学習計画は描くことはできても、実践の場で発生する学びの効果は、想定外の内容もあることをよく知っているからである。閉ざされた教室での伝統的な講義では思いもつかない新たな知識・情報や手法など、次の講義に役立つ「特産物」は、学生だけでなく教員にとっても「美味」なるものである。ましてや、それがオープンな講義となると、なおさら社会的実践の場に近くなり、その発生頻度は高まる。

　このような「美味」なるものを、卒業後に社会へ送り出す使命の大学が放っておく手はない。それらを取得して次の講義で企画し、教授法の授業改善に繋げることはもちろんのこと、学生が学んだ内容を理解、定着して、さらに使えるようになり、次の学びへつながるようにするという視点も授業改善に必要である。

　従来、学生の学びと学習到達の指標は、知識取得の確認テストが利用されてきた。しかし、これは知識情報伝達型の講義には合うものの、アクティブ・ラーニングのような課題から文脈をたどって解決法を構築するような実践型にあてはめると適確なのかという疑問が残る。さらに、学習成果を測る方法は、規範的な評価基準や学生同士を比べて順位をつ

けるものが多いが、その形式も実践型に機能するのかということも疑わしい。

　やりっ放しになりがちな実践型学習において、真の意味での主体性を持つアクティブ・ラーナーへ学生を変容させることができるのか。また、どのようにその変容を設計すればいいのか、ここではそれを少し考えてみたい。

⑵ティーチングからラーニングへ

　最近よく耳にする「ティーチングからラーニングへ」とは、前者が教授主体の授業、後者が学生主体の授業を指す。よく目にする言葉では、「教授中心から学習者中心へ」となる。教員が受講生数や授業内容、テストの内容や宿題といった構成および授業目標を設定して授業を考える場合は、教授主体のティーチングと捉えることができよう。学生主体のラーニングでは、まず学生が欲する学習目標は何かという問いから始まる。その学習目標の設定から逆算して、学生の学習成果が上がるように内容・手法が構築される。効果的かつ関心をひく、いわゆる学生自身が価値あると判断する授業やそこでの学びに対しての成果として、学習進展度、目標到達度がある。

　主体的な学習に結びつく授業となるために、学びをどのように設計すればいいかは、『学習経験をつくる大学授業法』(玉川大学出版部)(フィンク, L. D., 土持監訳 2011)を著したフィンクが2013年度の大学教育学会大会で次のように話している。「学習中心にするなら、教授側をチェックするのではなく、学習できたかをチェックすべきだ」。すなわち、学生にとって学習が目的となり、教授(授業内容)はそのツールであれば、教育の質を高めることができるということである。さらに、図1のようなアクティブ・ラーニングのモデルを示している。

　モデルを読みとると、アクティブ・ラーニングは「体験型学習だけではない」ことを示している。情報およびアイデアを受け取ることを目的とした授業は、「Passive Learning」であり、観察や取材、実践といった体験は

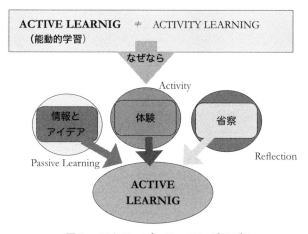

図1　アクティブ・ラーニングモデル

出典：L. Dee Fink (2013) から山本作成

「Activity」である。アクティブ・ラーニングには、科目や学習経緯を対象とした自己の振り返りや他者を巻き込んでの省察「Reflection」までを含んでいる。つまり、アクティブ・ラーニングは体験的な活動を授業に取り入れるだけでなく、また、偶発的に取得した知識・情報などをそのまま放置するのではなく、そこにリフレクションを入れることで、体験の価値が強化され、さらには学生の気づきと次につながる学習へ導く機能を持っているのである。

　また、もう1冊本を紹介しよう。『「主体的学び」につなげる評価と学習方法』(東信堂)(ヤング, S. F., ウィルソン, R. J., 土持監訳, 2013)に記載されているカナダのICEモデルは、「学び」のインプットとアウトプットの側面に着目し、リフレクションでアウトプットをどのように構成するかにより評価レベルを設定しているものである。図2のようにI (idea) レベルは、知識の理解・取得レベルにあたるが、C (Connections) レベルでは、知識をつなげることで関連づけが行えるレベルを指す。E (extensions) レベルは、さらにその知識の意義や価値に気づき、展開・発展することができるレベルを指す。

　このICEモデルの評価表は、先述のフィンクのモデルにもあてはめる

リフレクションで到達を確認するときの動詞

I（ideas）レベル
定義づける・記述する・説明する・分類する・比べる・明らかにする
列挙する・位置づける・明確に理解する

C（connections）レベル
応用する・比較する・対比する・類別する・組織化する・解決にする
解釈する・統合する・修正する・識別する

E（extensions）レベル
計画づける・展開する・診断する・評価する・審理する
既存の資料に基づいて推定する・予測する

図2　ICEモデル

出典：Sue F. Y., Robert J. W.（2013）から山本作成

ことができる（図3参照）。フィンク（2013）は、講義において学生が取得するものとして、①主要な概念、用語、関係性などの理解と記憶　②授業知識の個人的、社会的関連性の認知　③講義に価値を見出し、さらなる学習を推進　④授業内容の活用の仕方　⑤他の科目との関連　⑥授業終了後の継続学習の方法を挙げている。

1. から 6. へ向かうにつれ、主体性が増す学びとなっているが、この 1. にあたるのが ICE モデルの I レベルであり、2. までが C モデル、3. 4. 5. 6. が E モデルに当てはめることができる。これらを転用して、コースの中間期・終末期の学習成果のリフレクションを設計したい。中間期のリフレクションには、成果状況の確認により次回からの学びの姿勢に影響を与えることができる。またそれだけでなく、C レベルのリフレクションを行うと、授業の価値を認識することができる。終末期は、授業内容の社会とのレリバンスや他の授業との関連をリフレクションの材料とすることで、「理解→取得→定着→応用→次への学び」に導くことができる。さらに、このリフレクションを教員とは別の人が担当することで、異なる評価軸の提供と教員と異なる手法や空気感により「区切り」「新鮮さ」「ア

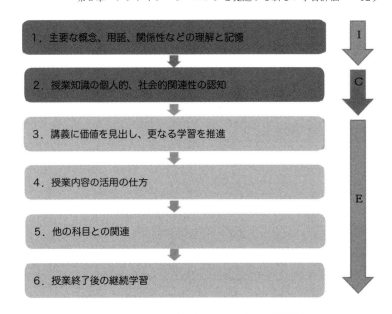

図3　フィンクモデルと ICE モデルの関係図

クセント（重要性）」などの効果を創出できる。

⑶主体性を持たせるリフレクション

　学習者である学生に「理解→取得→定着→応用→次への学び」へ導くためには、「学習目標の設計」「自分は今どこに位置しているのか」「どれだけ成果があがったのか」の3点が大切である。一つひとつの授業が価値を帯び、自分にとっての重要性を本当に認識できる状況は、その学生自身の目標と目標に対する現在位置との差を認識していなければならない。しかし、学生にとっての学習目標が設計され、自分の現在位置との差がわかっていれば、授業へ向かう姿勢も変化するだろうし、さらに中間や終了時にリフレクションで現在位置の確認ができれば、達成したことや取得した内容、縮まった差によってますます学習意欲が増幅するだろう。最終的には、目標の到達度と初期に設定した目標との差がわかれば、次にすべき学習も見えてきて、主体性を持った学習スタイルへ変容すると

```
アクティブラーニング
   主体性を持たせるためには？
```

```
   学習目標の設計        学習目標の位置

   自分の現在位置        学習後の位置

   現時点の状況把握      成果・達成感の演出
講義のスタート・中間・終了時に必要   講義の中間・終了時に必要
```

```
                    1．理解を深めさせるか
経験的要素をどのように強化して、  2．定着を図るか
                    3．応用に生かせるか
                    4．レベルアップへの挑戦へつなげるか
```

図4　主体性あるアクティブ・ラーニングにおいてのリフレクション構成

考えられる。ただ、そのときに学習手段や方法がわからず頓挫する学生も少なくないので、それらの支援も設定しておきたい。これらのことをまとめたのが、図4である。

⑷多様なリフレクションの方法

　では、授業開始時の現状把握と授業途中もしくは終了時の学習成果の把握で、意欲が上昇し、次の学習ビジョンが生まれるようなリフレクションには、どのような方法があるだろうか。現在、この実践型学習における有効なリフレクション方法がきちんと存在しているわけではないが、企業や組織では、人材育成や開発の方法として、様々な方法を有している。OJT (On the Job Training) の中での目的はあくまでも人材が成長するところに主眼をおいており、日々より「効果ある」方法を探し続けている状況である。大学という環境下でしかも実践的な学習のリフレクションをするとなれば、この知見は利用できそうである。

　例えば、企業人事では、習得した知識・スキルを業務で実践するため

の研修のあり方から、現場の経験の問題解決を主眼とした参加型研修に移行している。これは、ここまでの知識やスキルでいいというミニマムスタンダードありきの考え方から脱却し、現場での問題解決やさらに高いレベルの課題認識につながる方法として有効である。この方法は、経験学習モデルと呼ばれ、「経験→省察→概念化→実践」という4段階の学習サイクルを回すことで成長を促進する。従業員一人ひとりが感じる経験の中での自己開発と周囲と自分のギャップ、そして周囲の評価などの省察を通して、概念的に捉え、さらなる実践に活かしていくこの方法は、アクティブ・ラーニングでも参考になるモデルである。

　さらに、省察に取り組む場面の演出手法も重要なポイントとなる。省察への過程で意欲を阻害するようなことになると元も子もない。よく行われる「確認小テスト」のようなプリントを配布される方法、「自己チェックアンケート」のようなアンケート方法などは、学生も食傷気味ではないだろうか。なので、ここではある種の区切り感やこれまでのワークと異

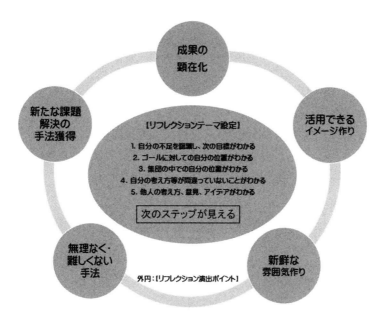

図5　リフレクション方法の設計ポイント

なる雰囲気作りが有効となろう。

　少し整理をしよう。主体的な学習につながるリフレクションには、大きく二つの問題が内在する。一つは、リフレクションの目的、ゴールをどこにするかである。もう一つは、どのようにすればモチベーションを維持もしくは高揚させることができるかである。前者を「リフレクションテーマ設定」、後者を「リフレクション演出」と便宜上呼ぶこととする。それらの関係図を次のように表してみた。

　図5の「リフレクション方法の設計ポイント」では、内円を「リフレクションテーマ設定」とし、外円を「リフレクション演出ポイント」で表した。リフレクションテーマ設定は、何のためにリフレクションをするのかをテーマとしている。例えば、「1. 自分の不足を認識し、次の目標がわかる」場合であると、自分に欠如している知識やスキル、能力や姿勢、コンピテンシーがわかり、何を次に取り掛かればいいか立案できるようになることである。またそのときに、遠くの目標を提示するのではなく、段階的な目標提示をする。「2. ゴールに対しての自分の位置がわかる」では、授業の成果目標を明確に提示し、学生のその時点での成果と比較できるようなリフレクションを設計すればよい。「3. 集団の中での自分の位置がわかる」には、自分の成果だけではなく、他人の成果も見えるようなリフレクションを設計することになる。また「位置」とあるので、レベルやステップなどの絶対評価的なメジャーや相対評価的な順位や座標での位置確認ができる方法なども考えられる。「4. 自分の考え方等が間違っていないことがわかる」は、見聞きしたり、体験したりした時の学生各自の判断について、間違いはないか、モレがないかを確認できるようにすることである。この作業を曖昧にすると、その後の学習の中で齟齬が生じ、学生の学びが中断しかねない。「5. 他人の考え方、意見、アイデアがわかる」は、柔軟かつ多角的な思考を創出し、自らの視点の広さや深さを省みることができる。いずれにしても、リフレクションをした結果、次のステップが見える方法を設計したい。ここでは、一般的な内容でのテーマ設定を提示したが、例えばICEモデルの要素を利用して設計することも可能

である。

　次に外円のリフレクションの演出ポイントである。言うまでもないが、成果は顕在化したほうが、次のステップは見えやすい。ただ、他人に自分のレベルや位置を知らせたくない学生は多いので、工夫は必要である。

　次に新たな課題解決の手法獲得である。学生はリフレクション後に自分がすべき次のステップのビジョンが見えてくる。しかし、歩みを止めてしまうのは、ビジョンを明確化できない、計画できない、ビジョンに向けてどうすればいいのかわからないといった状況が原因である。その場合、明確化と計画立案の支援を行うことや次の目標に向けて進むための手法をある程度教えることが必要である。自分でビジョンを明確に描けたり、計画できたり、次の目標への手法がわかったりというのは、かなりの能力と実力の持ち主である。たいていの学生は、この時点で立ち往生し、下手をすると学びを放棄することになりかねないので、初めは手厚く、少しずつ手離れしていくような教示を行うといいだろう。また、このときに注意したいのが、目標へ向けた手法において、第2章のコラムにあるARCSモデルを参考に教示した方がよい。また、成果物やその手法が、どこかで使える実感、つまり活用できるイメージを与えたい。特に成果物については、授業で学んだ意義や価値が確認できると、次の学習意欲にもつながることになる。

　筆者も大学で授業を担当しているが、その中で頭を悩ませるのが無理なく・難しくない手法である。対話型だと他人も含めての省察行為がはかどると考え、ディベートを仕向けようとする場合がよくある。しかし、主張者が偏ったり、意見がまとめられなかったりという場面はこれまでも体験した。ディベートの場合は、準備状況も関係するが、対象学生のディベート力の見極めが必要である。また、マッピングも明確な関係性が事前にわかっていないとできないグループが存在したりする。推測や洞察、展開や転用が難しい場合もあるので、これも対象学生の能力を考慮しなければならない。最後に新鮮な雰囲気づくりである。筆者は民間企業に在職した経験があるが、その研修では様々な「飽きさせない」演出を行っ

ていた。例えば、時間の使い方である。一つのテーマで無駄に時間をかけるのではなく、簡潔に集中が保てるような時間配分をしていた。またBGMも使う研修企業もあった。入室時のBGMにより、前の講義を引きずらず、場面の切り替えを図ったり、導入しやすい雰囲気を創ったりしていた。コーナーごとに、もしくはコーナーの切り替えに効果音を利用するケースもあった。また、映像を効果的に利用して前の講義までのまとめを流したり、それまでの座席を解体して、リフレクションの方法に合わせた新たな座席フォームを組んだりする場合もあった。

　これらの設計ポイントを参考にして、どのようなリフレクション方法があるのか、学会やフォーラムの場で尋ねたことを次にまとめてみた。

　一つ目は、当初の目標と自分の現在位置の距離が縮まったことより生まれる達成感を演出するリフレクションである。この場合は、メジャーを利用した方法が考えられる。得点やレベルを示すだけでなく、そこに実践の場で発揮できる期待効果を示すとより達成感が増幅するであろう。他にも、授業の最初と最後でその授業のキーワード（コンセプト）をいれた設問をするという手法が考えられる。「あなたにとって○○とは何か？」を設問することで、授業の理解と知識の取得を明らかにする形である。また、回答の中にその授業のポイントである重要な要素を押さえているか、またそれらの転用例を考えさせるということもできよう。

　二つ目は、成果物を顕在化させることで達成感を演出するリフレクションである。例えば、学習の経緯を学生自身に作成させる学習ポートフォリオがそれにあたる。記録の経緯として、学習での発見や気づき、疑問とその回答、応用の様子および学習目標と授業時の自己省察文などがあれば、達成感と次の学習への確認ができる。他にも自己と他者のナレッジを共有化するための成果物の作成も考えられる。体験した学習においての発見や知恵を収集し、まとめて冊子にする方法である。他者の発見や知恵を知ることにより、自分の理解度の確認やさらに広く深い理解につながることができよう。

　三つ目は、自己の成果だけでなく、他者の成果を共有するリフレクショ

ンである。この手法は集団の中での自己の位置の確認だけでなく、自己の成果を省察し、そのギャップを感じ、または他者との優位性を獲得できるという利点がある。さらに、教員をはじめとした学生が言うところの「偉い人」の模範解答や成果ではなく、自分と同じ環境で教育を受けた他者の成果を目の当たりにすることは、前者より大きな影響を与えることが期待できる。

　リフレクション手法の開発で注意したいのは、授業前の準備をしない、授業に集中しないといった学生にペナルティを課すことやアセスメント結果で差を歴然とみせつけて強制的に授業に向かわせるような内容になることである。主体的な学習者、すなわち自立した学習者への変身は、そういった強制的な圧力では発生しづらい。さらに大学教育は、生涯学習の入門期でもある。その時期でのそのような体験のために、自立学習者への変身の妨げになってはならない。あくまでも自立を促すための授業デザイン、リフレクションデザインを構築することが望ましいと考える。

　この第3節では、社会でも活躍している専門家による主体的な学習者に変身させるための実践型学習における的確なリフレクションの具体例を紹介する。

参考文献
　フィンク・L・ディー，土持ゲーリー法一訳 (2011)，『学習経験をつくる大学授業法―高等教育シリーズ』，玉川大学出版部
　スー・F. ヤング，ロバート・J. ウィルソン，土持ゲーリー法一，小野恵子訳 (2013)，『「主体的学び」につなげる評価と学習方法―カナダで実践される ICE モデル』，東信堂

コラム⓭ アサーショントレーニング

小西真人（2014年後期，CT，学生）

「言われて良い気持ちはしないけど、嫌われるのはいやだから何も言わないでおこう」「いらいらしていたので、後になって後悔するようなことを言ってしまった」

人間関係においてこのような行動をとることはないだろうか。これらのことは、日常生活の中でよく起こるものである。人間の気持ちは、場所や時間、天候に左右される。人間関係というものは難しい。生活をする上で人間関係をどのように構築するかは非常に重要なことであり、誰もが、いい人間関係を築きたいという気持ちをもっている。

今回、人間関係を改善するスキルとして、「アサーション」を授業の中で紹介し、アイスブレイクの時間で実践した。「アサーション」は、コミュニケーションスキルの1種である。アサーションには、三つのパターンがある。①「アグレッシブ」、②「ノンアサーティブ」、③「アサーティブ」である。

授業で実践した例をもとに三つのパターンを紹介する。

【提示したケース】
あなたは電車の切符を買うために長い時間列に並んでいました。
もうすぐ切符が買えそう。しかし、自分の目の前に割り込んできた人が。
あなたなら、どのように対応しますか。

このケースについて、3種類のパターンによる対応の仕方を前でロールプレイした。その後、受講生と一緒に、この場面での、よりよいコミュニケーションのパターンについて考えた。

①「アグレッシブ」は、相手の気持ちを尊重せず、自分の思ったことを言うコミュニケーションである。上のケースでは、割り込んできた相手に対して「はぁ、なんで割り込んできたの。今すぐどけよ。」と言ってしまうような、相手が傷ついてしまうことを配慮しない攻撃的なコミュニケーションのことである。

②「ノンアサーティブ」は、相手のことを尊重して、自分の気持ちを抑えて

しまうコミュニケーションである。今回のケースでは、「うわっ、割り込まれた。でも、相手に何か言われるのは嫌だし、相手にも何か事情があるかもしれない。何も言わないでおこう（内心はイライラがたまっている）」のように相手のことを尊重するあまり、自分の気持ちを表現できないタイプのコミュニケーションである。

　③「アサーティブ」は、相手の気持ちも自分の気持ちも尊重しようとするコミュニケーションである。授業のケースでは、「すみません。後ろの人たちも並んでいるので、一番後ろに並んでいただけませんか」というように、相手のことを攻撃せず、自分の思いを主張するコミュニケーションである。

　私自身もノンアサーティブな対応をよくとり、それで悩んでいた。「アサーティブ」という概念に出会い、それを学んでコミュニケーションスキルをつけた経験がある。私が担当したこの授業の受講生も、ノンアサーティブな学生が多かった。そこで、このアサーティブなコミュニケーションスタイルを学び、認識してもらおうと考えた。さらにこのスキルの取得は、チームビルディングにつながることも確信した。

　アサーティブなコミュニケーションを実践してみると、学生たちは相手も自分も大事にすることはなかなか難しいことに気付いたようだった。問題の状況設定や登場人物によって、相手にかける言葉が変わってくるという意見も出た。この意見のように、コミュニケーションをとる相手によって、自分の思いを伝えにくい相手もいるし、とりやすい相手もいるということは当然想定できることである。この授業で何回か試みたからといって、これからのすべての人間関係で、相手も自分も大事にできるコミュニケーションをとることは難しいかもしれない。しかし、この授業は、アサーティブな考え方で人間関係を考えてみることはいい機会になったと考えている。

方法 1. コーチングで次の学びをデザインする

坂本祐央子（2014 年後期，見学者，社会人）

1　Facebook での発信から、興味津々の関わりへ

「見学者がいる授業！？　そして、教えるのは先生ではなく CT ？」

Facebook を通じて筒井さんが発信する「見学者募集」のコメントを見て興味津々になり、いったいどういう人がこの授業をやっているの？　たまたま知り合いが紹介してくれて、授業見学に行けることになったのだが、行く前から期待感いっぱいだった。

私は企業や行政等にコーチングやファシリテーションスキルを通して組織活性を目的とした研修講師として仕事をしている。キャリアコンサルタントとして学生や新入社員と関わることも多い。私は、研修では「教える」だけではなく受講者の「学びあい」が起きるために、以下のことを心がけている。つまり、参加者の好奇心に火がつくような「引き出す質問」を投げかける。それによって、参加者は互いの価値観などの違いを感じることで思考が広がり深まってくる。私はそういうプロセスの進行を微調整し、ファシリテーターマインドを発揮することに注力している。なので、興味本位、というと大変失礼な言葉なのだが、大学でどんな授業が行われているのだろうか？　そうした好奇心から見学することになった。

「グループワーク概論」の授業では、授業協力者 (Creative Team: CT) が関わる場において、学生の自主性がどのように変化するのかに興味があった。私自身は通常 3 時間から 7 時間の時間的ボリュームで研修をするのに対して、90 分ひとコマの授業で、学生が何を得て、何を気づき、どう変化し、グループダイナミクスの中で、この学びをどのように意味づけしていくのかが興味深くて、この場に関わることになったのだった。見学してみてわかったが、普通は教員と学生だけの環境なのだが、この授業では、教員の代わりに CT が教壇にいて、主として CT と学生の中で授業を展

開し、教員は教壇から降りて、授業全体を包んでいる感じである。教員が教壇に立たないで、授業を創るという光景は、これまで見たことがなかった。教員が教員らしくないし、授業をただ聞いているだけという印象が強い学生が、授業後にはっきりと感想を言っているのが印象的だった。これまで大学で授業していた学生とは違う。いや、学生が違うのではなく、学生が自由に意見を言える場が準備されていることに驚いた。

しかし、考えてみると、私が仕事で取り組んでいるファシリテーションの現場でも、ファシリテーターが前に立たないで、目立たないところで全体見守っていることもよくある。それを大学の授業で行っているということは、大学の授業という常識からは異なっているが、私と同じ視点で学生に臨んでいるという点では同じ方向性を歩んでいると思った。

そういう印象を話した時に、筒井さんから、「もしよければ、モジュール2のリフレクション会（モジュール振り返り）のファシリテーターを務めてもらえますか？　大変申しわけありませんが、この授業では全員ボランティアでやっているので、金沢から来ていただいても交通費や謝金をお支払いすることはないのですが、それでもいいのでしたら、ぜひお願いできませんか？」という依頼があった。

なんとなく引き受けるのが当たり前という雰囲気の中で、「でも、これに関わることで何か面白いことが起こるかもしれない」と思って、お引き受けしたのだった。

2　リフレクションの位置づけと制約

モジュール2のリフレクションについて筒井さんから、次の三つの制約があることを告げられた。

1. 90分間の授業の中でリフレクションの制限時間は45分であること。
2. 制限時間内に分析可能なアウトプットを出すこと。
3. リフレクションの位置づけとしては、授業全体の折り返し地点として学生自身が授業を評価し学びの到達度をはかること。

であった。

　45分間で学生の本音を引き出し、分析しやすいキーワードを書く。そして心理的ハードルを下げ、コミュニケーションの手法や、具体的な表現を書くことへの抵抗やルール化などをどのように工夫すべきかという点を考えると、かなりハードルが高いものだった。

　それでも、なんとかハードルを越えようと思い、リフレクションの構成と効果を考えた。

　これらをより具体化すると以下のとおりである。

①学生のコメントの表現が曖昧や長文だと分析不可能なため、具体的な誰でも理解できる言葉で表現するようになること。
②学生の授業への目的達成のプロセスや到達点を確認可能にすること。
③CT、学生、授業参加者（見学者）が学びの現在地を知り、この先をイメージすること。
④モジュール3の学外フィールドワークの行動につながるような意味づけをすること。
⑤制限時間45分以内に分析可能なアウトプットを完了することとなる。

そこで、次の五つのポイントに基づいて、場をデザインすることとした。

<u>①学生の具体的表現を支援するコミュニケーションツールを活用する</u>
　分析においては、他人が見ても具体的にわかる表現が必要なことから、相手の思考を深め、かつモジュール3における学外インタビューにも役立つようなコミュニケーションスキルのためのツールを活用する。（具体的なツールの説明が必要）
<u>②他者からの観点で表現内容の伝達度合いをはかること</u>
　他者からの影響を受けて自分に気づくことや、モジュール2のテーマ

である「仲間」を意識し、他者が読んでも理解できるような表現になるために、1人での振り返りではなく、ペアワークで行うこととした。ペアの相手は、振り返りの思考を促進する役割として「問いかけて引き出し聴く」「話しを可視化する記録者」という、聴き手としての二つの役割を担うこととする。

③ペアの相手が質問しやすくなるためのワーク

前述のような聴き手としての二つの役割は、いきなりできるものではない。そのため、まずアイスブレイクの中で、事前トレーニングとして「質問」練習を兼ねた場の役割と、トレーニングの結果として成功体験を得られる役割のための時間を充分とることとする。

④ペアワークのハードルを下げること

アイスブレイクでは、相手との関わりによって、「自分の意見が引き出された！」「最初に言おうと思っていたこと以上のことを言ってしまいビックリした！」という驚きを再現できるような工夫をした。まず、ファシリテーターがCTの1人をペアにして、実際に学生の前でデモをやってみせた。そのとき誰を相手に選ぶかは非常に重要である。発する言葉（音量も含め）や表現が伝わりやすい人を事前に選んでおいた。そして、学生が興味持つような話題（例えば、好きなアイドルや好きなこと）でワークに参

ＣＴと導入部分やってみて愉しい雰囲気を創り出した

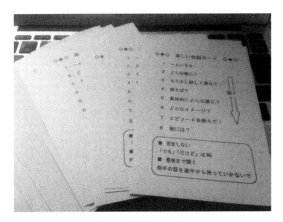

楽しい会話カード

加してみたくなるような雰囲気づくりをした。

そのうえで、私がCTにどのように質問していくのかというデモを行って、実際にこの後使う言葉を使いながら、どのようにすれば学生でも質問がしやすくなるかを学んでもらった。さらに、このアイスブレイク全体の流れとゴールを見通せるように心がけた。

⑤内省を促す問い

学生の日常会話における質問といえば、興味本位の質問やクローズドクエスチョン（相手にyesか、noだけを求める質問）などの聴き手だけが満足することに終わりがちである。そこで、むしろ、語り手が自分を内省し、深めるための質問がどの学生もができるように、あらかじめ質問が書かれた会話カードを利用した。この会話カードは、大阪のファシリテーターのちょんせいこさんが始めたものであるが、私なりにアレンジしたカードを使用した。このカードは、相手の話を引き出すスキルがなくても、カードのフレーズを使い質問することで、語り手が自然に内省することができるようになっている。質問カードには、「というと」、「どんな感じ」、「もう少し詳しく話して」、「例えば」、「具体的にどんな感じ」、「どんなイメージ？」、「エピソードを教えて」、「ほかには」という順番に質問が書かれて

いる。聴き手は、これらを順番に質問していくことによって、語り手は深い内省へと入ることができる。

3　質問で自分の内へ・書くことで自分から外へ

会話カードによるペアワークが終わった後には、メインワークとなる。そこでは、単に「愉しかった」「わからなかった」という表面的な感想で終わるのではなく、その言葉の背景をしっかり引き出すことを心がけた。例えば、何があったからどう感じている自分がいるのか、何に期待しているからどうしたいと思っているのかなどを、自分の言葉で表現することである。聴き手の存在によって、語り手が自分のストーリーとして語ることになるが、それによって自己理解が深まり、意味づけされ、確信が深まってくる。語ることで、自己発見や他者との価値観の違いに気づくことにつながり、さらに深い自分との対話を起こすために、言葉という音声のみならず、文字に書くことで対話を見える化し視覚的に訴える手法を採用した。

事前準備なしに、学生に会話や意見を求めることは、社会人だけでなく、学生にとっても、かなりハードルが高いものである。だからこそこのプロセスをしっかりとトレーニングすることは不可欠である。しかし、

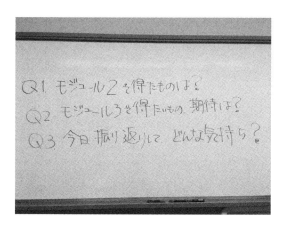

話し手への三つの問い

時間	活動内容	狙い
5分	【導入】 ・モジュール2のリフレクションの目的説明 ・45分間のスケジュール、流れの説明、役割、ルール説明	この場の目的、意味を共有し不安感を軽減し活動をイメージ
10分	【アイスブレイク】聴いて書く体験ワーク テーマ「マイブームまたは、好きな食べ物」 ・インストラクション（見本）をやってみせる ・ペアワーク（3分×2回）相手の話しを引き出し深く聴き書き出す	話しを引き出すコツをツールで練習し、馴染む
25分	【メインワークとしてのリフレクション】 ・リフレクションのやり方説明※2 ・テーマ1『モジュール2で得たものは何？』(4分×2回) ・テーマ2『モジュール3で手に入れたいもの、期待は？』(4分×2回) ・テーマ3『今日、振り返りしてどんな気持ち？』(4分×2回)	
5分	ペアワークを振り返る	振り返りを意味づけ

授業の流れ

大学の授業ではほとんど意識されていないようだ。そこで、この授業のリフレクションでは、まずじっくりとアイスブレイクに時間をかける（2014年前期では、アイスブレイクに20分以上割り当てた）ことで、学生に友達以外の人と会話することや自分の意見をじっくりと聞いてもらえる愉しさを体験してもらった。

以上のワークの説明を図示すると以下のようになる。導入、アイスブレイク、メインワーク、リフレクションという一連の構成の中で、学生が、個人ワーク、グループワークを通じて適切なフィードバックを出してもらうようにした。メインワークでは、三つの問いにしたがって、ペアで相手の話を引き出した。三つの問いとは、1．モジュール2で得たものは？　2．モジュール3で得たいもの、期待は？　3．今日振り返ってどんな気持ち？である。

問いごとに、語り手が話した言葉の表現を聴き手がそのまま書きとめ、次に書きとめた文章を要約して付箋に書き出す。書き出したら、相手に「あなたの話したことは、これで合ってる？」と確認する。もし違っている場合には、相手に「もう一回教えて」と言いながら、再度要約してみる。

こうして語り手の気持ちをしっかりと文章に起こして、ビジュアルに確認することで、自分の意見を第三者の立場から眺めることができる。メインワーク終了後には、今回のワーク全体を振り返って、それまで気づかなかった自分の気持ちとか、意外な発見とかを互いに出し合っていく。その結果、学ぶこと自体の愉しさに気づいてもらえればと思っている。

4　うまく会話に入り込めなかった学生の事例

ペアで相手に質問を投げかけるというデモを見せた結果、多くの学生はスムーズに問いかけが進行していたが、一部のペアの表情が困惑していたようなので、近づいて会話を聞いてみた。すると、ペアでうまく会話が成立していないことがわかった。以下には、ワークの中で、当初は困惑していた学生がどのように変容をしていったのかについて実例を提示する。

学生Aの例：相手の言葉の真意を受け止められないケース

あるグループの男子学生に対して、相手が問1「モジュール2で得たもの」を問いかけたが、その学生は「特に（その後、沈黙）」、「別に（その後、沈黙）」を連発していた。ペアの相手は困惑して、語り手が話したくないと思い込んでしまい、それ以後の質問を続けることができない状態を目撃した。そこで、私が会話に加わって、次のやり取りをした。

学生「特に（その後、沈黙）」
私「と、いうと？」
男子学生は「だって、全部（授業に）出れてないから……」
私「どんなイメージなの？」
男子学生「何答えていいかわからない感じ」

「別に」という言葉の背景をしっかり聞いてあげることで、学生は突然饒舌になり、その背景を次々と語りだした。そうすると、私が問いかけをしなくても、彼らペアだけでも会話が成り立ち始めた。さらに、次の問いでは、これまで言葉少なかった男子学生が、「プロデュース力には、

対話でどこまで相手を知ることができるか、相手をどれだけ掘り下げられるかが必要」だと饒舌に話し始めるようになった。後ろ向きの言葉そのものよりも、むしろそっけなくしている背景に注目すると、これまで考えていないと思っていた意見も出始めるようになるのである。

学生Bの例：初めて自己開示を体験したケース

問1を終えた時、「うーん、上手く僕がしゃべれないんです」と発言する男子学生がいた。彼はじっくり考えてから話したいタイプに見受けられ、しかも相手がおそるおそる会話カードの言葉をかけるので、話すペースやタイミングが合わないストレスから、外に向かった表現ではなく、自己否定へと向いていた。そのときの気持ちについて、彼は授業後のFB会（Feed Back：授業振り返り）に参加したときに語ってくれた。「答えにくい問いかけに対して、僕はどう答えればいいのかと戸惑い、自分の意見を発すること自体に非常に苦労しました。さらに、自分の内側にぐっと入ってくる質問には、意見を言うこと自体に違和感があった」と話してくれた。

信頼関係の有無や相手との相性に左右されつつも、彼は、普段は相手が求めている言葉を発しようとしていたが、このときにはむしろ自分自身が語りたいという言葉を語れるようになったのだ。自分がなぜうまく意見が言えなかったのかという謎を解くために、彼は授業後のFB会にも参加したのだった。なぜ相手が求めている言葉を発しようとするのかというと、相手に否定されることを恐れているからだ。そのため、彼は、常日頃、自分の波長の合う人とだけとしか接していなかった。しかし、このワークでは、相手を気にするのではなく、自分自身の気持ちを掘り起こすことを求められた時には、最初はいきなり自分のプライベートスペースに入って来られる違和感があった。しかし、相手に自分の気持ちを伝えていいのだということがわかった時には、初めて自分自身のことを振り返ることができたのか。

語り手が自己否定へと向かった気持ちも、聴き手がしっかりと受け止めて、語り手のペースを尊重しながら問いかけていくと、次第に自分の

第 3 章　アクティブ・ラーニングを促進する新しい学習評価　147

ペアでの会話

内側から、外側へと向かう表現をし始めていくのである。

学生Cの例：深い内省に向かいだした学生のケース

問 2「モジュール 3 に期待するもの」の問いを投げかけた時に、互いに「期待って何のことだろう？」と複雑な表情をしていた女子学生同士のペアがいた。はじめはよそよそしい感じで「どんな感じ？」とカードに沿って聞いていたが、他人の心の中に入る抵抗感からか、わざとらしく聞こえるような声のトーンだった。最初は、表情もぎこちなさがあったのだが、途中から聴き手に変化が現れ、聴き手の目が輝いてきた。さらに、問いかけていくと、徐々に相手の話しが滑らかになり、三つめの問いからは、自らの気持ちが沸いてくるように話はじめたのだった。聴き手が一生懸命聞いてくれることで、語り手は自分の内側にあったものが一気に流出した感じであった。

話し終えて、聴き手が「話をまとめたフリップ」を書いていると、話し手が一言言った。「実は、ずっと言えなかったことが、今、言えてるんだー、なぜか。これまで言えなかった何かを聞いてくれるのっていいね。」

このように、自分自身と向き合わざるをえないリフレクションという状況に向き合った結果、ふだんは考えなかった自分の深い気持ちが学生

の中からわき起こったことがわかる。

　以上のような一見すると対話にかなり苦労しそうな学生であっても、リラックスして、互いのことを尊重する環境ができれば、学生はこれまで言えなかったことが言えるようになったり、より深く自分を内省したりするようになる。中にはうまくできないペアだけにはファシリテーターが一時的に介入することによって、いつもはできなかった会話が成立するようになる。このように普段とは違った安心できる場におけるペアでのリフレクションによって、これまでにない深い対話が実現するのである。

5　リフレクションのアウトプットを分析する

　メインワークで学生のアウトプットを表出したが、ここまでは主として学生個人か、ペアワークであった。これらを分析するプロセスにおいては、授業参加者(見学者)やCT、教員などが学生とともに、混成チームに分かれていく。つまり、学生が表出したコメントを多様なステークホルダーが一緒になって分析ワークを行うのである。

　このワークの最終目的は、学生に自分の意見を出してもらうことであるが、私は、その前に感情レベルの意見を出すようにしている。これは、私の経験上から得た方法であるが、意見を出す前に参加者の感情を出してもらい、それを参加者全員が見えるようにホワイトボードに書き出した。出された感情は、見える化することによって、個人から離れて、単なる記号のように書き出されてくる。それによって、当初は個人の感情がこもった生き物の言葉であったのが、見える化されることによって個人から切り離されて、浄化された単なる記号となる。こうした感情の浄化を経ることによって、すぐに意見が言い出せない参加者は、意見が言いやすくなる。こういう狙いを基に感情を取り扱うワークを入れるようにしている。この授業では、感情をＡ４用紙に書き出してもらい、それらを以下の四つの感情に分類して、感情ごとにどのようなものが含まれ

ているのかを一覧するようにした。

　感情を分析するにあたって、学生が表出したコメントをチームごとにまず感情レベルで分類していった。行動の源泉となる感情（喜怒哀楽）を抽出し四象限に分類すると、様々な思いが授業のプロセスの中にあったのだということがわかる。四つの感情とは、①【喜】話しを聞いてもらった感情、モジュール2のグループワークで起きた感情、②【怒】カードを使った会話の違和感への感情、自分の内側に問いかけられた思考の疲労感、③【哀】自己開示への戸惑いの感情、自分の内面に問いかけられたことへの戸惑いの感情、④【楽】モジュール2での仲間を意識した感情、未来をポジティブにイメージしている感情である。

　ただ、この授業では時間制限があって、意見を出す段階までいくことができなかったのがファシリテーターとして心残りである。しかしながら、学生に意見を出してもらう前には、感情をしっかり取り扱うことは、特に自己開示や意見表明が不得意な学生にとって踏むべきステップである。

6　授業を見学して気づいたこと

　さて、私が見学した授業はモジュール1であったが、少し厳しいコメントから始めたいと思う。授業の冒頭で、CTが取る行動に意図を感じられないことが多かった。例えば、広い教室であるのにもかかわらず、学生が教室の隅に並べられた机の脇で狭苦しそうにワークをしていたり、CTの説明不足により学生が戸惑っている場面が多く見られ、場が混沌としているように感じた。しかし、授業後半になってくると、CTも積極的に学生に関わることで接点や共通言語をみつけて運営がスムーズになってきた。それはCTだけの努力ではなく、学生側からの歩み寄る姿勢がその雰囲気を創りだしたのだと感じている。まさに立場の違う者同士が同じ目的のために切磋琢磨しているように見えた。

　そして、モジュール2第3週目の授業では、相手と話すことに困っているためにこの授業を選択した学生がいた。しかし、翌週のリフレクショ

ンでは、一生懸命自分自身を語り出していた。要するに、聴き手に自分を語る能力が高まれば、今までは仲間同士だけの人間関係に限定されていた状態から、社会において知り合い以外との関わりに活かせるヒューマンスキルになることを期待できるのである。

　この授業のリフレクションは、学生の学びの到達度を知ることが目標であるが、学生が自分の学びに意味づけができるところが、通常の学びのプロセスとは異なり、価値が高いと感じた。人は自分の行動の意味を見いだして初めて価値を理解する。授業の関わりの中で自分が何をしてきてどのように感じたのかを一般的な授業では振り返ることは少ない。そういった意味でも学生にとって「この学びとは何なのか」を改めて感じる機会になるのだと思う。

　そして、この授業では、学生がどこまで自らの学びの成果を理解しているのかというリフレクションの観点を取り入れていることがユニークである。私は前職で法人営業をしていたが、契約のターニングポイントではいつもお客様に「ここまで話してみてどうですか？」と今日のやりとりを整理してもらったうえで、契約まで進めていた。この授業でも、モジュールのリフレクションをすることで、「ここまで学んでみてどうですか？」と学生に対して振り返ってもらっている。これによって、学生にこれまでの授業を整理してもらい、次に向かってもらうのである。私が担当したモジュール2のリフレクションの目的は、学生の学びの現状がどこまで来ているのかである。しかし、それは、当日まで（過去）の学びと、学びの現状（現在）、授業最終週（未来）のプロセスの中で、モジュール3の学びの方向性を自分の言葉で語ることである。リフレクションは、現在までを見通すことではなく、未来に向けた視点を見いだすことである。この授業も同じく学生に対して「ここまで学んでみてどうですか？」と振り返ることで授業そのものを進化させる。まさに進化した授業スタイルなのだと感じている。その意味で、大学の授業の中で、この授業は、本格的にリフレクションを導入している希有な例であると思う。

コラム⑭ 見学者を巻き込め！授業は学びのコミュニティづくりと心得よ

水口幹之（2014 年後期，見学者，学生）

　受講生と教員が、教わる教えるという関係から変えていくのと同じように見学者の関わり方もただ見るだけでなく参加していくということがとても大事になってきます。

　グループワーク概論には毎回多数の見学者が集まります。例えば 2014 年度後期では 120 名の見学者がいらっしゃいました。それは単なる授業公開ではありません。見学者を一つの資源と考えると、彼らとの関わり方はとても大きな意味を持ちます。いままでのグループワーク概論において、見学者の関わり方を四つのタイプに分けて捉えてみます。

初来訪の見学者（まずは様子を見ようタイプ）

　初めて見学に来られた方はだいたいこのタイプに属します。多くの方はこの授業の「仕組み」や「形式」に関心がある方といえます。京都精華大学の授業ではだいたい「ベテラン見学者」が「仕組み」の説明、全体の流れや進捗、ワークの意図目的などを解説しています。その解説に耳を傾けて、教室の後ろから授業を眺める関わり方です。見学者というくくりにおいては「受動的」といえます。ただこのタイプの方が多いと、授業運営側としても、「もったいない」状態といえるでしょう。

ビギナー見学者（学生の目線になってみようタイプ）

　数回来られた方でこのタイプになる方が多いです。具体的には受講生のグループワークに加わって、一緒に課題に取り組みます。受講生の生の声が聞けるということで、初回でもこのタイプになる方もいらっしゃいます。教員のちょっとした声掛けで「様子見」タイプの方の背中を押してあげましょう。

アクティブ見学者（CT サポート・プチファシリテータータイプ）

　グループワークの時に、受講生のグループに入って、ファシリテーターをします。教員や CT の働きかけによって、あるいはグループワークに自ら入ってこの役割を担う方もいらっしゃいます。授業運営側からすれば、見学者に

この役割を担ってもらうと授業運営も、見学者にとっても気づきにつながるのではないかと考えます。見学者にそんなことを任せていいのか、と疑問に思われるかもしれません。見学者というのは実は「見る」以上にできることがなく授業に関わりづらいです。そこに「グループファシリテーター」という役割を持たせることで、授業への積極的な参加を促すことができます。

ディープアクティブ見学者(スーパーアドバイザータイプ)

　見学という目的を越えて、自らの専門知識やノウハウを教員やCT、受講生に提供するという方です。「グループワーク概論」の授業を文字通り作っている方と言えます。ここまで来ると、もはや見学者というくくりでは収まりません。「グループワーク概論」の改善を意識的に取り組まれる方です。

　例えば最近の授業ではグループワークの課題に動画制作が出されました。ですが、教員やCTだけでは動画制作のノウハウを説明したり、手伝うには専門知識が足りませんでした。受講生がある見学者に相談したところ、その見学者の方が自らの仕事のノウハウを提供して、受講生の動画制作を助けました。また、あるときは授業内容の企画立案の方法やコンセプトワークの手法をCTに伝授し、前後の授業回とのつながりの演出につながったというケースなどがあります。学ぶアプローチは様々ですが、ここではCTや受講生が見学者に聞くことで授業の中身が、大学を超えてさらなる社会化の域までグレードアップします。

　「グループワーク概論」形式の本質は教員、CT、見学者、受講生が一つのコミュニティの上に成り立っているところにあります。この授業は一人の教員が授業の運営を学外の方に相談したことがきっかけで生まれました。学内外の枠を超えて、様々な関係者が授業を一緒に作り上げていくことが新たな学びのあり方をつくっていきます。見学者はその力強いパートナーになりうる人たちと捉えましょう。

第3章　アクティブ・ラーニングを促進する新しい学習評価　153

方法２．次の挑戦を生み出すファシリテーション

　　　　　　　　　芳本賢治（2013年前期，見学者，社会人）

1　この授業に関わるきっかけ

　私の本業は、経営コンサルタントおよびファシリテーターであるが、縁あって大阪経済大学（以下、大経大）で非常勤講師も行っている。この授業にかかわりだしたのは、非常勤講師としては2年目で、そもそも大学の授業って「何だろうか？」、「どのように進めればよいのだろうか？」などという初歩的な疑問に悩みだしたころであった。そんなとき、たまたま日本ファシリテーション協会関西支部のメーリングリストに、筒井さんが授業公開しているというメッセージを出していた。自分の授業品質を高めるためには授業見学が一番とばかりに、筒井さんの「見学に来ないか」という呼びかけに応じた。

　教室は、机と椅子が移動可能で、外の景色も見える雰囲気のいい場所で、ファシリテーションに適した施設であった。大学の教室でも、ファシリテーションがしやすい教室が準備され始めているようだ。しかし、筒井さんの話によれば、従来の教室を好む教員も多いとのことである。

　教室は、直前の授業がないために事前入室が可能であった。そのため、既に授業前から見学者や授業協力者（Creative Team: CT）が集まっていて、授業準備をしたり、自己紹介がおこなわれていた。こういう雰囲気は、ファシリテーションのセミナーや研究会ではあるが、大学では稀なようである。しかし、授業参加者全員で授業を作り上げている感じがする教室の雰囲気自体に一つの意味があり、ここでの授業展開が楽しみになった。

2　次の挑戦を促す手法ＫＰＴ

　私は、自分の大学で授業もあり、3回しか見学できなかったが、そのときに、筒井さんから「是非15週目最後のリフレクションを担当してもらえないか」という依頼があった。その後、何度か打ち合わせをおこない、

進行および目標設定について検討した。人生経験が乏しく対人関係力の弱い学生たちがひと皮剥けるために、どのような修羅場を体験させるのか、その体験を学習の場として学生に真摯に受け止めてもらうために、どのような解説や提示が必要かについて話し合った。筒井さんからの要望としては、学生の現状を鳥瞰できるようにするために、学生からできるだけたくさんのコメントが出るようにしてほしいということであった。

3　授業設計のアイデア

授業の全体の構成を以下の通りに決定した。それは、学生・CT それぞれがこの授業で得たことや課題についてインタビューし、それをビジュアル化することで、お互いの相違点を明示するものである。

その方法として、お互いのこの授業に対する認識の違いを「Keep＝よかったこと」「Problem＝うまくいかなかったこと」「Try＝次に試すこと」の三つの視点で比較し KPT という視点ごとのギャップを明確にしようとした。

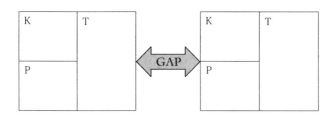

図1　授業の全体の構成

まず、学生と CT は、KPT ごとの意見を分類する図2のようなチャートを作成する。次に、学生と CT の感想が合致しているときは、その感想が記入されている付箋を「共有」の窓の位置に配置する。また、CT は記入しているが対応する学生の感想記入付箋が存在しない場合、「CT の思い込み」の欄に、その逆のパターンの時は「学生の思い込み」の欄に付箋を配置する。そのうえで図3のように付箋を配置換えして、感想の相違から何が読み取れるか検討しようと考えたわけである。

第3章 アクティブ・ラーニングを促進する新しい学習評価 155

K・ジョハリ	
共有	CTの思い込み
学生の思い込み	

P・ジョハリ	
共有	CTの思い込み
学生の思い込み	

T・ジョハリ	
共有	CTの思い込み
学生の思い込み	

図2　KPT ごとに分けた学生と CT の位置づけ

　しかし、実際はリフレクションの時間が少なくなったので、実施方法を変更した。授業内では学生だけの意見を元にして、それを見学者、CT、教員と一緒に分析することにした。そこでは、学生が自由に意見を書くことが必須となる。そこで、学生が意見を書く時に CT・教員は退室する。彼らが書き終わり、学生の意見の分析をする時になってはじめて教室に戻り、学生・見学者・CT が一緒になって分析に取り組むことにした。
　私が現在担当している大学の授業でも、学生の授業評価アンケートをおこなっているが、学生は、授業に対する自分の評価を書いたら、そのまま提出するだけで、他の学生の結果を知ることはない。それに対して、このリフレクションでは、学生は、その場で他の学生の意見を知ることができる。また、学生の意見に対する見学者や CT の分析も知ることができる。こうして学生は、他の学生の意見や、見学者・CT との意見の相

	共通点	相違点		読み取れること
		学生の思い込み	CTの思い込み	
K				
P				
T				

図3　付箋を貼るための表

違を鳥瞰することができるのである。その結果、学生は、自分の意見や行動を外からの視点で見ることができ、彼らのメタ認知能力が育成される可能性につながっている。

4　KPTの手順

前述のように、15週最終授業の振り返り手法として学生が自らを省察する仕組みとして、KPTを採用した。

手順はこうだ。

まず、模造紙を三つに区分する。左側半分を上下二分割してKeepとProblemを書き出す場所とし、右半分をTryにする。その右半分は、Tryをたくさん出してもらいたいのでスペースを大きくしている。

1チーム4～6名で構成するが、最初に個人ワークとして、ポストイットに、Kを書き出し、次にPを書き出してもらう。学生の場合、省察するときに、どうしてもKよりもPがたくさん出がちである。そこで、思考をネガティブにしないためにも成功体験をできるだけ掘り起こすようKをたくさん出すことを目指す。その後に、Pを出す。最後に、Tに関する意見を書き出してもらう。全員が書けたら、書いたポストイットをチームごとに回収する。ポストイットの分析は、他のチームが担当し、そこにCTと見学者が加わった混合グループを作る。

次に、混合グループメンバーが共同でKPTのいずれかの場所に他のチームのポストイットを貼り出していく。KとPに関しては、その場で新しい意見を追加してもよい。KとPが出尽くされたら、出されたコメントを全員で確認して全体の傾向を読み取る。

KとPが終わったら、いよいよTに取り掛かる。KとPと同様に、Tについても意見を追加してよい。ただし、Tを書き出す時には、できるだけ「～をする」という表現を使った行動を書き出すとよい。なぜなら、Tは、今後の行動につながるものなので、心構えや精神的な作用を書き出す場合でも、その行動に注目する方がいいからだ。

これらの作業で学生は、自分とは違った意見があることを知ったり、

逆に、共通の意見があったりすることを知る。評価することを、評価する人とされる人と区別するのではなく、役割を固定しないで意見を交わすことが大切である。異なる立場の人が参加したグループで意見を共有することによって、当初抱いていた個人の意見が他の人の意見に影響されながら変容していく可能性が高まるのである。

5　KPTが学生・CT・教員に与える影響

話に耳を傾けてくれる他者がいるとき、あるいは自分の迷いに真摯に応えてくれる人がいるとき、省察が外化によって他者と共有される。

① リフレクションをすることによって、学生自身が自己を評価できるので、彼らの省察につながり、学びを深めることができる。

② 学習目標がどの程度達成したのかを、他者と比較判断できる。このリフレクションでは、様々な立場の授業参加者の意見を比較できる。これは、学生が自己評価の第一歩を築くことになる。

③ シラバスの有効性と妥当性を評価できる。シラバスなどについて、学生が意見を言う場を保証していることは、今後の授業設計の参考になる。通常の授業評価アンケート結果は、授業終了後か、直前に教員にフィードバックされる。しかし、これではそのフィードバックが、いつどの時間の授業を想定しているのかがわからないので、授業を改善しにくい。けれども、このリフレクションの場合には、すぐに改善点が明らかになるので、今後の授業設計に活かしやすい。

④ 学生の意見をCTにすぐフィードバックできる。コメントをすぐに授業担当者に伝えることによって、担当者は授業改善につなげやすい。その場で学生のフィードバックがわかり、しかも異なるステークホルダーの意見を聞くことができる。こういう迅速さと幅広さを可能にするのがKPTである。

6　KPTのメリットとデメリット

KPTの第一のメリットは、なんと言っても誰にでも構造のイメージが

つきやすいことである。模造紙上に、KPTそれぞれの領域があり、それぞれを独立して考えていくことができる点で非常にわかりやすい。

　第二は、各フレームに思考するための枠が決まっていて（Keep：よかった点、Problem：工夫すべき点、Try：対策）、しかも論理的にも整理されている。そこで、KPTを順番に埋めながらコメントしていくことによって、グループで意見共有をしやすいのである。

　第三は、事前にポストイットに書き出した上で、意見を貼り出してもらうと、論点を外さずにコメントが出やすくなる。しかも、予想以上の数の意見が集まることが多い。

　KPTは、はじめて実施する人であっても親しみやすい方法であり、かなり汎用性のあるリフレクションの方法である。

　その一方で、KPTのデメリットは2点ある。一つ目は、書き方に慣れてなければならない。例えば、Pを記入した後に、すぐにそれをどうするのかと考えると、Tに行ってしまいやすい。こうなると、メリット・デメリット双方を検討するのではなく、一つのデメリットに対して改善策Tを考えることになり、議論が分散する可能性がある。KとPを見比べながら、Tを出すということ大切である。

　二つ目に、他者への批判が弱くなる傾向がある。チームの場合、人ではなく、行動に注目することから、個人名を特定した話し合いがしにくいということがある。その一方で、批判≠否定の理解、すなわち批判＝クリティカル・シンキング＆ロジカル・シンキングという趣旨の徹底があいまいだと他者攻撃になりやすく、無用な人間関係上のトラブルを招きやすいこともある。

　以上のようなメリットデメリットを相殺しても、KPTをリフレクションに採用した理由は、第一に、事実の把握→感情の受け止め→肯定的思考→批判的思考→水平発想→プロセスの検討と修正という流れができるからである。また、人と意見を切り分けるという議論において、焦点となる視点を持つことが可能である。つまり、KPTを導入すると、様々な視点を超越した全体のプロセス管理という視点で振り返りができやすい

のである。

７　ＫＰＴで得られたこと学生とＣＴとのギャップについて

　授業では時間的な制約のため、学生・CT双方の授業観の比較をすることができなかったが、別の日にCTと見学者が集まってこのギャップのについて比較をおこなった。

　そこで明らかになったのは、以下のことである。

　全体的にCTが授業全体のことについてコメントを寄せているのに対し、学生は具体的な授業の場づくりについてコメントを寄せているという傾向がある。

　第一に、Keepのギャップについて、学生とCTとのギャップはほとんどないと言ってよい。授業を通して、学生は、対人コミュニケーションの改善がはかれたという具体的なコメントを多く残していた。CT側は、最初から学生のコミュニケーションに対する苦手観が多くあると予想し、それに対応するプログラムを授業内で実施したことが、学生の意見に反映しているからだと言えそうだ。

　第二に、Problem観については、Kとは異なり、ギャップの存在が確認された。例えば、この授業では、モジュール毎にチーム替えをおこなうが、メンバーがほとんど変わらなかったチームがあったとの指摘がある。

　また、学生がチームになって、学外の社会人にインタビューに行くという学外ワークがあったが、メンバーの日程調整がうまくいかなかったために、一部のメンバーだけでインタビューをしたという課題が挙げられていた。学外ワークはCT側からすると学生が成長することを期待して課したアクティビティやグループワークであったが、学生からすると自分の思うようなカタチで実現できず、忸怩たる思いを残してしまったと推察できる。

　さらに、チームが多いため発表時間が少なく、全チームの発表を全員で聞くことができなかった。全員で聞きたかったという意見も多かった。

CT側は、CT自身が自分たちの授業設計内容を信頼しきれなかったゆえに意図があいまいになり、学生にうまく伝えきれなかったことを問題視している。この点は、学生側のProblemにも反映されているのでCTの自己評価は、学生も問題点として受け止めているといえる。

　第三に、Tryは合致していたのだろうか。学生のコミュニケーションスキルアップに対する意欲をCTが正しくとらえていたのかという点については、CT間にやや温度差があったといえる。学生の中には、人と対話することが好きな学生がいるために、彼らがスキルアップへの意欲を持っていることをCTが過小評価することになったかもしれない。CTが感じた以上に、学生はコミュニケーションに関するスキルアップに向けた動機付けが強い。このことは、CTのKで書かれたことと、学生がTで書いたこととの比較によって明らかとなった。さらに、このことはCTに、授業設計力ともにファシリテーション技術も高いことも望まれることを明らかにしている。つまり、CTは学生の学びの伴走者として役割が望まれているのである。

8　リフレクションを担当した結果、気づいたこと

　この授業のリフレクションを担当した中で、いくつかの気づきが得られた。まず、一つ目に、大経大の授業との相違である。大経大は授業定員を30名という上限を設けている。ファシリテーターとして、企業や行政などの研修を実施する場合、定員に関しては厳格に決めさせてもらっている。これは、参加者にとって最適な環境を準備し、研修の効果を上げたいと思っているからである。そこで、30名という定員の限界を設定してもらっているのである。しかし、精華大の場合は、定員は設けられていない。そして、実際、40名程度の受講生であった。この人数で授業することはかなりハードルの高いことだと思う。また、大規模講義と厳格に定員を限定した授業との違いは大きく、授業担当者のファシリテーション能力のちがいが問われるのである。

　二つ目は、経営コンサルタントとして、気づいたことである。ふだん、

中小企業での研修を担当している経験からすると、大学だからこそ低経費で高水準、長時間の学びの場づくりができると感じた。学びにかけることのできる時間は中堅企業でせいぜい1泊2日程度である。授業では半年間で20時間以上も費やすことが可能なので、大学の方がはるかに研修時間が長い。したがって、大学の授業は、長い学習時間を費やすことができる点で授業の効果が出やすくなる。

　一方、企業や行政に比べて、大学生の学びに臨む動機はあまり強くない。しかし、それをあげつらっても意味はない。むしろ、若者が大学生から社会に出て行く中で、なぜ学ぶのか、誰と学ぶのか、どのように学ぶのか、そして、その学びが社会とどのようにつながるのかということを、学生自身がどのように考え、またリフレクションする機会を持つのかが問われていると思われる。その意味で、私が体験したこの授業は、まさに現在の大学生にとって不可欠な内容であると思われる。私は、この授業を受けた学生がどのようにして社会に出て行くのかを楽しみにしている。学生の次の挑戦は、大学生活でもできるし、社会に出てからでもできる。学生が挑戦する意欲を持つことに、大学の授業が本気になることを期待している。

コラム⑮　クリッカーのシステムをつかった、スマートフォンによるリフレクション方法

田口晋（2014 年後期，CT，学生）

　授業をしていても、学生の反応がわからない。授業内容を理解しているか否かさえわからない。「手を挙げさせればいいじゃないか」と思われるだろうが、人の目を気にして挙げない学生もいる。そのような問題を解決するものの一つに「クリッカー」がある。クリッカーとは、授業で学習者が、授業者からの発問に対する応答に用いるリモコンのことだ。「KEEPAD JAPAN」から販売されているクリッカーは、テレビのリモコンのようにボタンが複数個ある。

　これを学生の人数分貸与し、授業中の発問に対し、選択肢で答えるというものだ。パソコンに接続された専用の受信機が、各々のクリッカーの入力データを受け取り、その結果が、パソコン画面に出力される。授業者はこれを受けて、授業の方針の転換を検討する。授業者と学習者の双方向なやりとりの授業が成立するのだ。

　大学生のスマートフォン普及率は 2015 年現在 98% である。教室に 40 人いれば 39 人持っていることになる。持っていない学生には、スマートデバイス

「クリッカー」のイメージ

第3章　アクティブ・ラーニングを促進する新しい学習評価　163

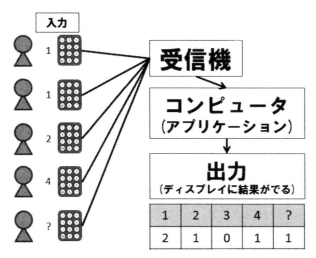

クリッカーのシステム

これだと公衆の前で手を挙げることなく、授業者の発問に答えられる、このシステムを応用したものが、スマートフォンのアプリにある。
(https://www.digital-knowledge.co.jp/product/clica/)

を貸与してもいい。また、授業後にリフレクションを行うが、このシステムならば、授業中の学習者の反応を確認できるため、リアルタイムでのリフレクションの実現が可能であると考える。新しい形のリフレクションにつながればと考える。

参考文献

　スマートデバイスを利用した参加型授業の実践，教育システム情報学会，研究報告，vol.28, no.5, pp.49-56 (2014).
　スマートデバイスを活用した参加型授業での学生の意識変容と有用性の分析，CIEC (コンピュータ利用教育学会)，2014 PCカンファレンス，pp.114-117 (2014).
　https://www.digital-knowledge.co.jp/product/clica/
　http://www.keepad.com/jp/turningpoint.php

コラム⑯ メディアを使ったリフレクション—メタのメタから—

　　　　　　　　　　　　　加藤尚子（2015年前期，見学者，社会人）

メディアを使ったリフレクションとは

　授業やミーティング、ワークショップなどの学びの場で、こんな体験をすることはありませんか？

　すごく深い学びを体験した、とても盛り上がった、自分の中で何かが変わった……、と思った。けれども、終わってみると、「あれ？　いったいあれは何だったんだろう？」というような体験です。

　確かにあの時あの瞬間、すごく世界が変わった気がした。でも、終わってみると、それは夢の中のことであって、目覚めたらやっぱり朝だった、みたいな体験は、私自身にもよくあります。

　そういった自分の体験を意味づけするために、自分を映す鏡のようなものがあって、それをもとに「うん、確かあの時にこうなったよね」「それでチームはこう動いたよね」とリフレクションができたらいいなと思いました。それがきっかけとなって、メディアを使ったドキュメンテーション（記録化）を行うようになりました。

　そもそもこの授業に関わろうと思ったのは、たまたま授業開講前に、授業協力者（Creative Team: CT）が会議をしていたのを目撃したことからです。和やかな場でしたが、聞けばお互いがまだ出会ってから2回目のミーティングだということ。定年を迎えられた方もいらっしゃれば、私と同じくらいの20代の人たちもいる。カジュアルな服の人やスーツの人もいて服装もバラバラ。そんな人たちがみんなでホワイトボードに何かを書きながら「カオスを作ろう」などと話し込んでいるのです。異質なもの同士だけれど、みんなで同じ方向を向いて何かをしようとしているような。その場ではちょっと他では味わえない、何かここで楽しそうなことが起きそうな気がしました。もともとから好奇心の強い私は、その場の空気が忘れることができるはずもなく、何をしようとしているのか知りたいというその一心でこの授業に関わることを決めたのです。そこから、CTがミーティングする日や授業日にはほぼすべて参加するほど、この授業の魅力に取り憑かれることになりました。

　一般に大学の授業公開や研究授業というのは、特定の日が決まっていて、

しかもなんらかの成果が出る場面だけを見せようとします。しかしながら、この授業では、毎週授業公開しているために、うまくいっている場面だけでなく、そうでない場面も動画で記録することができます。つまり、授業の成功部分だけを切り取るのではなく、うまくいっていない場面も記録することによって15週すべてを「プロセス」として記録することができます。この授業に関わる人の学びの「プロセス」を記録に残し、それを元に振り返ることができれば、面白いことになるんじゃないかなと思い、ドキュメントチームを発足しました。

動画を通して見る自分

　記録メディアは、ビデオカメラとデジカメです。授業で撮ったデータを編集し、反転学習の課題に使ったり、授業冒頭で先週授業の振り返りとして活用したりしました。また、授業中にリアルタイムで編集し、その日の授業の終わりに流すこともありました。

　撮っていて思ったことは、学生たちの自己評価と動画に写っていた彼の姿が必ずしも「一致」していないということです。初回の授業終了後に、ある学生に別の撮影メンバーが授業の感想を尋ねました。そこで彼が「動画の中の自分を見ることにすごく興味がある。」と言いました。実は、その学生は、授業中の発言や授業のリフレクションシートなどで、「自分は何をやってもうまくいかない」「いつも人から誤解される」など彼が発する言葉は自己評価が極めて低いことが特徴でした。

　しかし、初回の授業で、アイスブレイクとして自分の名前を言いながらポーズを決めるグループワークでは、時に笑顔がこぼれたり、身体を使って自分自身を精一杯表現したりする楽しそうな姿が映っていたのです。

　彼はこんな表情ができるんだと驚き、私はその後彼の姿を記録し、振り返りの教材として反転動画を作成しました。

　それを見た学生は、「思ったよりはじけた笑顔が出ていてホッとした。コミュニケーションが連続すると僕はハイになることがある。それは良いことではない。普段暗いのに、突然ハイになり、そしてまた普段の暗さに戻るのは、僕と継続的に関わる人にとってはとてもややこしいからです。」彼は、普段からコメントの文字数が多いですが、この時が一番多かったです。コメントの文字数の増加から、自分の向き合い方の変化を感じることができました。

自分のことをいくら客観的に見ようとしていても、自分自身を自分で見つめている限り、主観的な視点からは完全に切り離せません。そこで、動画を使って振り返ることで（そこには、少なくとも撮影者の主観が入りますが）より広い視野から、客観的に自分を振り返ることができるようになります。それによって、学生がメタな視点から自分を見ることのサポートとなったのかなと思います。

　この授業で、教員は主役として出演しない。主役は、学生、CT、見学者です。その授業を撮る自分は、主役たちより更にメタな視点でこの授業に関わることができます。なんとも美味しい立場だなぁと思い、毎週楽しませてもらうことができました。

第4章

劇場型授業スタイルと未来の教育への萌芽

　時代変化や社会発達のスピードだけではない、予測不能な状況が待ち受けている次世代に対して行う人材育成時間、すなわち大学でいう講義の機能や期待価値が変わってきている。その現実の中、大学教員が一人ですべてをこなすには当然無理があろう。第4章では、学外のボランティア、見学者、学生、教員がそれぞれ異なる役割を担いながら、新しい形の授業を創出している、その新しい授業スタイルにはどのような機能分化や役割があり、教員一人ではできなかったどのようなことが実現できるようになったのかを説明している。第2節の佐藤浩章氏は、2014年後期の授業見学後、授業コンサルテーションをしていただいた。今回、出版に当たりＦＤ（ファカルティ・ディベロップメント）専門家の立場から、この授業について評価をしていただこうという趣旨で特別に寄稿をお願いした。

1．劇場型授業スタイルの概念　　　　　　　　　　　　山本以和子
　　　コラム⑰：ＣＴは、"何者"！？　　　　　　　　　桑原恭祐
2．筒井実践の課題と可能性
　　　─大学教育のイノベーションに繋げるために─　　佐藤浩章
3．劇場型授業の可能性とそれを支える枠組み　　　　　大木誠一
　　　コラム⑱：反転授業は、未来の学びの第一歩　　　筒井洋一

1. 劇場型授業スタイルの概念

山本以和子

(1) 社会化された生涯学習者の資質と力

　明治大学教授の齋藤孝氏のホームページに「教師の資質あるいは力とは何だと思うか」というコーナーがある。氏が考えるものとして、段取り力からはじまり、72もの資質・能力が掲載されている。いくつか気になったものを列挙すると、共に学ぶ力、クリエイティブな関係性を現出させる力、やりたいことについて深く話せる関係のあり方、個人の才能よりも関係の力を信じること、制度を換骨奪胎する力、メタ意識を持ち、二つの時間性を同時に生きる力、他者に自己をさらす、情報に関してケチでないこと、相手の文脈にのりつつずらしていける力、空白（沈黙・混乱）を恐れぬ勇気、カオスとコスモスを往復できる力、労働ではなく祝祭として教育の仕事を感じる力、響きあう感触を実感できること、場がクリエイティブになることに責任を感じる力……など、身につまされるフレーズが並ぶ。

　「大学の初年次教育は、生涯学習のスタート地点にあたる。そして、大学生はまさしくこの生涯学習の方法論を大学で身につけていく時期であり、自分の学習に責任を持つことができるような社会化へのプロセスに位置しているのである。」このように言っているのは、メルボルン大学のリチャード・ジェームズ教授である。社会人としての生涯学習は、なにも閉ざされた教室だけでなく、オープンな場や様々な人々との関係より構成されたり、実際に学んだりするようになる。そういった場や人々を自分の学習の目的に応じて構成し、段取りを行い、より深く新しい学びを創造していく力を養成することも、大学教育の中で育成する必要があろう。

　しかし、多くの学生は学外の他者、もしくは世代を超えた関係者との深くて創造的なコミュニケーションを苦手とする。大学入学までの学校

という空間、周囲は同じ世代という場面では、自分と異質の背景を持つ人間と関係する機会が乏しいのが現実である。経験が不足している分、コミュニケーションスキルが養成されていないのである。実践型学習の重要性が説かれるのは、このような学外や世代間、バックグラウンド等のボーダーを超越するような社会とのレリバンスを考慮した学びもコンテンツ同様に必要だからである。

さて、話を元にもどそう。齋藤氏の「教師の資質あるいは力とは何だと思うか」から先ほど列挙した内容は、社会化された生涯学習者たちにも当然必要なものであり、特に気づかないような資質・力を取り上げた。なので、この内容は、学生には大学卒業までに少しずつ身につけてもらいたいのだが、教員側も当然、こういう資質や力を授業で見せることが重要だと考える。

⑵資質や力を授業でどのように表現するか

教員対学生の講義室の中では、教員は多くの役割を演じなければならない。よく言われるのが「五者」である。まず、教員は、自分の専門分野の学問に通じた「学者」であり、学生の心身の状況を把握し、処方箋を提示する「医者」であり、学生の進路を導く「易者」であり、学生に学問の魅力を伝える「役者」であり、一芸（は百芸に通ず）に秀で、芸道を乗り越えた「芸者」を指す。しかし、実際はこれ以上の役割があることは、読者も十分わかっているであろう。現代社会と非常に密接な領域となっている大学教育の場では、その領域の専門性の高度化や深化、転用の拡大などと、その進化のスピードや複雑性、多様性等のエクスパンションには、教員一人の力量ではどうしようもできない物理的問題がある。

現在、役割の担い手は、産業が高度化するにつれ、領域の進化と融合性の拡大を通して、専門分化の形態となっている。例えば企業活動でも外注化のような方法でそれらを分割、それぞれをマネジメントし、より良質なものを産出する構造に変化した。専門特化したエキスパートたちの質のいい仕事を、トータルマネージャーとして企画・編成・管理・製

作するのが社員の仕事である。一人がすべての技量をこなすマルチプレーヤーの時代は既にとうの昔になくなっているのである。ところが、大学教員を含め、教師は、このマルチプレーヤーを求められがちである。しかし、そうなると時間的にも物理的にも無理が生じ、授業の質の保証が難しくなるのではないだろうか。

　知識・スキルを育成するだけの従来型カリキュラムに対して21世紀カリキュラムは、知識・スキルに加えて、人格・態度形成および自己リフレクション（いわゆるメタ認知）力の涵養が求められている。東京大学大学院教授の秋田氏によれば、このカリキュラムの変化にともない、従来とは異なる教授・学習方法が求められており、それは「21世紀型教師に求められるコンピテンシー」で表されている。そこには、まず、「知識」として、自らの教科の専門性と、異業種・異校種とのふれあい、他教科の知識や新しい知識の習得があり、さらに「スキル・コンピテンシー」では、ファシリテーション力、リーダーシップ力、交渉力、マネジメント・リスクアセスメント力、リサーチ力、評価力等があり、最後に「メタ認知」として、現実社会の課題と学校の学習内容を比較し、そのつながりを認識するなどを、教員に求めている。

　このこともあり、15回の授業をトータルに構築するトータルマネージャーとしての資質が教員には必要なのである。予算や場所、必要な教具はもちろんのこと、授業の目的や内容、シーンの演出を束ねることが求められる。特に授業シーンでは、内容やストーリー、知識や情報、技術には、人脈やネットワークを通じて専門家を招聘することもあろう。また、それらは、学生を含めた学内の内的な課題と学外からの期待について分析を重ね、戦略的優先順位に応じたオーダーにより、新たな授業構想を企画することが肝要である。専門分野に精通した学者として交渉力と段取りする力などの力量と資質を最大限利用すること、また自分が持つ外部の力を結集して、編成し、コントロールし、学生を含めた学内の課題解決と学外の期待に応える授業を新たにクリエイトする設計方法が質保証に求められていると考える。

⑶劇場型授業スタイルの誕生

　「先生の講義を見学させていただいていいですか？」

　筆者と同じ大学コンソーシアム京都の委員である筒井先生に不躾な質問をしたのは、先述のような大学講義に対する問題意識があったからであった。ファシリテーターとして様々な場でご活躍の筒井先生の講義設計を、筆者の講義の参考にさせていただきたいというのが主旨であった。

　実際のところ、CT や見学者といったステークホルダーが大学の講義でどのような役割を果たすのか？　また学生との間にどのような作用を引き起こすのかは、話を伺った時点でも見えてこなかった。しかし、授業の準備段階から実際の授業、そして終了後の FB 会を拝見していくうちに、このスタイルが大学の授業として新しいものではないかと思い始めた。(各役割の説明は第 2 章を参照) それは、劇場での役割分担に近いのではないかと考えたのである。

　まず、授業協力者 (Creative Team: CT) である。彼らは、いわゆる「ディレクター兼シナリオライター」の役割を果たす。教員が提示した授業コースのゴールとモジュールから逆算して、毎回の授業ストーリーと演出を担当する。設定したゴールに対して、学生と年齢が近い彼らの感性を利用したストーリーの脚色とマテリアルを用いる。例えば、前回の振り返りは、シーンを編集した映像を利用する。そこでは、教育番組的な見せ方ではなく、期待感を増幅するようなプレゼンテーションに仕上げている。ストーリーはできるだけ簡潔に、だが次のつながりを重視した作りを心がけている。そして、授業では必ず実践を入れて、そのコーナーの演出も世代に合わせた仕様となる。その光景は、演出家としてシーン設計を念頭においているので「アクター（この場合は学生）」より半歩先行く立場となり、その距離感が親近感と憧れを引き起こす効果となっている。他にもある。他者の反応をすぐ見られるようなアクティブラーニング手法では、われわれ教員はクリッカーを想像するのだが、彼らは Facebook の「いいね！」を思いつき、割り箸を用いて作成をした。学生に近い感覚

のこのツールを利用したプレゼンテーションは非常に盛り上がったのは言うまでもないだろう。またあるときは、社会(学外)調査に出る前の予行演習として、学内でのインタビュー演習のグループワークを実践したことがある。このように目的に応じたストーリーと場や小道具の設定も彼らの役割である。

　さらに、この授業の強みは、毎回の授業の前にこれらのストーリーと演出を考えることにある。授業終了直後の学生とのFB会では、今行った授業の直接的な意見が学生から出てくる。どこがよかったか、わかりやすかったか、なにが難しかったか、わからなかったかを、直後にリサーチすることで、次回のストーリーと演出に更なる工夫が加えられるのである。この手法はさながら視聴率に応じて、次回作のシナリオや編成を書き変えるドラマ製作のようである。

　次に見学者である、彼らは、教員とCTに向けて、専門家としてのブレーンの役割を担う。シナリオや演出の「監修・考証」といった役回りである。シナリオで必要な要素、知識の補充を彼らは担当してくれる。例えば、新しく編成されたグループでのチームビルディングの方法を複数提示してくれたり、問題解決の手法を教示してくれたり、インタビュー手法の解説や実際の社会の場での経験や様子をCTや学生に伝えてくれたりする。また、実践の場でのCTと学生の間に表出する学習効果、影響度を場面から読み取り、これもFB会でCTに伝える。

　さらに、モジュールごとに行われるリフレクションは、見学者の担当である。シラバスに書かれたコースのゴールに対して、またそのモジュールで行われた内容を把握して、他大学や高校の教員、コンサルタント、教育関係者をはじめ、その科目の専門分野において現役で活躍している人たち、それらの叡智の中から的確な手法が選出される。先進的で、社会的でタイムリーな方法論を利用するこの仕組みは、これまでのリフレクションのあり方に新たな新風を吹き込むことになる。また、そういうプロが実施することで、コースの質が保たれるという一面もある。

　そして学生は、ここでは「アクター」となる。CTのシナリオや演出に

より、実際にアクターとなることで、内容を理解し、自分のものとしていく。シナリオや演出が悪ければ、アクターからいい反応は出ないし、それではアクターたちの成長はない。アクターがうまく立ち回れないときは、見学者たちが専門家の立場でサポートに入る場合もあり、それによりアクターは考えて行動することが求められるようになるのである。また、この高次なアクターは、舞台づくりからシナリオ、マーケティングや制作そのものに対しても関与することから、ほかの役割とはフラットな関係になりうるものである。この授業でも、見学者に自分の考えをぶつけたり、また次回の授業準備に関わったり、果てはCTになり代わったりといった役割の境界を越える学生が出現する。

　最後に教員である。教員は、対大学、対社会とのレリバンスや期待を戦略的に捉え、授業の目的ならびにコース設計のすべてに関わり、適格な人材を配置（特には研修・育成）し、ツールをコーディネートし、予算やコンプライアンス、危機の管理をする。いわば、映画監督やプロデューサーの役割である。ここでは、質・量・時間・場所等の授業全体におけるマネジメント力が大いに問われ、不具合が起こらないように細心の注意と最善の努力が必要となる。また、このすべてをよりよく編成させてこそ、高い創造性をもったコースとなるのである。

　このように、劇場型授業が創りだす学習空間は、学生に現実社会と類似した仮想空間を提供している。そこでは、リアルでもありえる問題が課題提示され、現実に社会が利用している解決法の実践が提供されている。その中で、コースに関わるすべての人間が、表舞台や裏方の役割を持ったり、お互いに役割を超えて関与し合うことで、一人でなしえなかった領域に到達することができたり、深い理解や幅広い展開を生む授業へ変貌をとげたりすることができる。このような大学の枠組みを超えて人材を授業に参画させることで、時代性や社会とのレリバンスに貢献する広くて深くて創造性ある授業は、まさしく「劇場型授業」であり、そこには学びに感動する機能が新たに生まれるはずである。

参考文献

明治大学文学部教授齋藤孝のホームページ
http://www.kisc.meiji.ac.jp/~saito/message.html

Craig McInnis and Richard James with Carnel McNaught (1995)『FIRST YEAR ON CAMPUS』A Commissioned Project of the Committee for Advancement of University Teaching: Center for the Study of Higher Education University of Melbourne, Australian Government Publishing Service

秋田喜代美,『View21 高校版』(2015 年 6 月号), ベネッセコーポレーション, p. 48

コラム⑰　CTは、"何者"！？

　　　　　　　　　　　　　　　　　　桑原恭祐（2014年前期，CT，社会人）

　この授業を創るCTは"Teaching"だけでは務まりません。CTは、教員の代替ではなく、学生と密接に関わり声を汲み取りながら一緒に考えて進める必要があるからです。このコラムは、CTが学生の成長に応じてどのように関わっていくか、変化やその都度とるべき行動のヒントを提示するものです。

　モジュール1の開始当初、学生は何もわからないので、手とり足とりグループワークやコミュニケーションの基本を教える必要があります。しかし、その後、学生が成長するにつれて自立していくため、CTからの「手離れ」が起こります。そこでCTに必要になる関わり方が、"コーチング"と"メンタリング"です。モジュール2に入る頃には、学生が徐々に自ら考えて動けるようになり、いちいち教える必要がなくなります。CTは、学生へ「質問」をすることで内面での気付きや発見を促す"コーチング"という手法を用います。手法というよりは、関わりの中で学生に自然と色々な問いかけをすることで内に秘めた気持ちや意欲、発見や力を引き出すといった方が的確かもしれません。モジュール3に入ると、学生がプロジェクトチームを結成しチーム活動が主体となります。この頃になると、ほとんど学生に手を焼くことがなくなるので、CTも見学者もほとんど「手放す」「見守る」「励ます」だけになります。この関わり方を"メンタリング"といいます。必要な時だけサポートや助言をすることに留まり、また手放すほど学生はのびのびと授業外でも活動し、リサーチや発表の成果も大きく膨れ上がることが驚きでした。

　学生は、自分たちで発見・発案したことを仲間と共に行動に移し、生まれ出た成果を発表する達成感が喜びにつながっていました。CTは、この発見・達成する喜びを奪わず実現できるようにサポートしようと努めました。そのためには、なんでも答えを「教える」のではなく、「質問する」「一緒に考える・やってみる」「見守る」などといった関わりを大切にして、学生が内面に持つ可能性を開花させること、これは、CTにしかできない重要な役割です。

2．筒井実践の課題と可能性——大学教育のイノベーションに繋げるために——

佐藤浩章

　筆者は、2014年京都精華大学で筒井の授業実践を2回見学する機会を得た。本節では、本実践を大学教育のイノベーションに繋げるために、見学ならびに関係者とのやり取りに基づいて筆者が行った分析から、本実践の課題と可能性を読み解きたい。

　本題に入る前に、筆者が本実践に興味を持った理由について述べておきたい。筆者はファカルティ・ディベロッパーとして、大学教員の授業改善やカリキュラム改善の支援を行っている。また将来大学教員を目指す大学院生の教育も担当しており、その参考にさせてもらいたいとの思いから見学をさせていただいた。筆者が見学をしたのは、2014年のモジュール2の振り返りの回(12月1日)と、その翌週のモジュール3の初回(12月8日)である。

(1)授業設計の二つのアプローチ

　アトキンは、カリキュラムを設計する二つのアプローチを提起しているが(文部省大臣官房調査統計課、1975)、これは授業設計においても応用可能である。その二つのアプローチとは、「工学的アプローチ」と「羅生門的アプローチ」である(表1)。

　工学的アプローチにおいては、最初に「一般的目標」が立てられる。これは抽象度が高いものであっても構わない。それに対応する形で、より具体的で測定可能な「行動目標」が立てられる。その後、教材が作成され、それを用いて教授学習活動が展開する。そして、「行動目標」に準拠して学習者の行動が評価される。本アプローチは、授業やカリキュラム設計においては一般的なものであり、筆者もこのアプローチに基づき、教員向けの研修を実施している。昨今、高等教育政策において大学教育の質

表1　工学的アプローチと羅生門的アプローチの対比

工学的アプローチ	羅生門的アプローチ
一般的目標	一般的目標
↓	↓
行動目標	創造的教授・学習活動
↓	
教材	↓
↓	記述
教授・学習過程	↓
↓	
行動的目標に照らした評価	一般的目標に照らした判断評価

出典：文部省大臣官房調査統計課、1975: 50、第1表、タイトルを筆者修正

保証のために奨励されている、ラーニング・アウトカムを重視するアプローチでもある。

　これに対し羅生門的アプローチでは、「一般目標」が立てられるまでは同じであるが、具体的な「行動目標」は設定されない。そのような状況下で、「専門家としての教師」が「創造的な教授活動(creative teaching activities)」を試みる。そして、「一般目標」が達成されたのかどうかを評価する際の証拠として使用されるのが「記述」である。「記述」とは、「この教授活動によって学習者に何が引き起こされたか、そのすべての結果が、できる限り多様な視点から、できる限り詳しく」書かれたものである。しかも、その評価は「教育評価の専門家による評価だけではなく」、「異なる視点をもつ様々な人々、例えば、教師、子ども、父母、芸術家、科学者、ジャーナリストなどの観察報告や評価」が尊重される。

　羅生門的アプローチで言う「羅生門」とは、黒澤明が監督した映画のタイトルから採られたものであるが、この映画は芥川龍之介の小説『藪の中』と『羅生門』が原作となっている。『藪の中』ではある事件をめぐって複数の目撃者と当事者が矛盾する証言をするために真相究明が著しく困難となっている。このように「一つの事実が、異なる立場、異なる視点に立つ人々に、いかに異なって見えるか」という考えが、複数の評価者を認める理由となっている。

工学的アプローチにおいて、教材は教材集から良いものを選択し、計画的に配置すること、教授・学習過程はあらかじめ決められたコースをたどることが重視される。これに対し、羅生門的アプローチにおいては、教材の価値や内容は「教授・学習の実践の中で発見・開発・評価されていく」と考えられる。アトキンは次のように述べる。

> 「教材の価値や内容は、教授・学習の実践の中で発見・開発・評価されていくと考える。同じ教材でも、学習者の活動や経験はさまざまでありうる、とする。そこで、教材の質は、教授・学習過程の中で問われるべきである、と考える。子どもの活動を引き起こすものとしての教材を求めて、教師は、ひとりの人間として、教材の意味を実践の中で発見していく、そして、その過程を通して、教師自身も豊かになっていく」(同上、1975: 53)

そして教授・学習過程観も異なる。羅生門的アプローチにおいては、「即興的(impromptu)な働きかけ、活動」が重視される。

よって、工学的アプローチにおいては、適切な「目標」、それに対応する「教材」とその配置が重視されるのに対し、羅生門的アプローチにおいては、「教師」の専門性や人格が重視される。

筒井実践は、授業全体の大きな目的が決められてはいるが、明確で具体的な目標は設定されない。スケジュール、教材、教育方法、担当講師についても、学生の様子、進行状況、CTや見学者との対話に基づいて随時決定される。これは羅生門的アプローチに基づいた授業設計と言える。

⑵教員に求められる教育上の専門性

既に見たように、羅生門的アプローチの場合、教員には高い専門性が求められるが、そもそも大学教員に求められる教育上の専門性については、大学設置基準で次のように規定されている。

「(大学教授の資格)第十四条　教授となることのできる者は、次の各号のいずれかに該当し、かつ、大学における教育を担当するにふさわしい教育上の能力を有すると認められる者とする。」

ここで言う「大学における教育を担当するにふさわしい教育上の能力」とは何であるのかはこれ以上具体的に定められてはいない。そして、これは各大学においても同様の状況である。そのため、日本の多くの大学では体系的な大学教員の能力開発(ファカルティ・ディベロップメント)が実施されていないのが現状である(佐藤、2015)。

では、大学教員に求められる教育上の専門能力とはどのようなものなのだろうか。シュルマン(Shulman,1987)は、教員が持つべき知識を「教える方法に関する知識(pedagogical knowledge: PK)」、「教える内容に関する知識(content knowledge: CK)」、「内容に応じた教育方法に関する知識(pedagogical content knowledge: PCK)」の三つに分け、個々の教員がPCKを創りあげることの重要性を指摘した。PCKとは、特定の内容をどのような順番で、どのような方法で教えれば効果的なのかに関わる知識である。

本実践を担当する筒井に求められている専門性もPCKである。PCKを構築するにはPKとCKが必要となるが、CKについては、大学教員はその内容を研究を通して習得していると考えるのが一般的であるし、筒井にもそれは該当するだろう。

大学教員にとって課題となるのはPKの習得である。日本においても、一部の大学においては教育学習支援センターが設置され、専任のファカルティ・ディベロッパーが配置されている。そのような大学では体系的な研修プログラムが提供されているし、課題を抱えた教員に対する個別のコンサルティングも提供されている(佐藤、2009)。しかし多くの大学では、教員がPKを習得するためには、自らの授業実践、他の教員の授業参観、専門書の読書、学会・研究会・セミナーへの参加等の自己啓発活動に依拠するしかないのが現状である。本実践のユニークな点は、筒井が、これらの自己啓発方法に加えて、CTとの対話ならびに実践や見学者やファ

シリテーターからのアドバイスをリソースとみなしたことにある。

　筆者は教育学を専門とする研究者のみが PK に関わる専門性を持っているとは考えていない。豊富な経験を持つ、学校・塾・予備校の教員、企業人・市民向けの研修講師、そして教育学を学んでいる学生もそうした専門性を持つ可能性はある。本実践においても見学者については高い専門性を持つ者も多く存在しているが、参加が流動的であり、継続的な関与は困難である。だとすれば、実際に授業設計と実施に関与する CT がこの能力を担っているかどうかが、本実践の鍵になる。

　しかしながら学期に渡って開講される大学の授業を設計し、継続的に実施を担い、学生の深くて積極的な学びを促進する専門性と責任を、ボランティアの CT が持ち得るのかという点については懸念されるところである。この点に答えるのが、授業に関与するアクターによる「集合知」とリフレクションに基づく「即時改善」というシステムである。

⑶集合知と即時改善

　本実践は、学生・大学教員・CT・見学者という四つのアクターが、入れ子構造の複層的な教授・学習過程に関与しながら展開している。このような複雑な構造を持っているということは、既に本書で繰り返し述べられているように、授業を俯瞰し、振り返る（リフレクション）機会が通常の授業に比べて格段に多く、授業改善のための示唆を得やすいということを意味する。

　授業設計の羅生門的アプローチにおいて求められる、教師の専門性は、教員個人のみが保持するものではない。本授業では、多種多様なアクターの集合知によって、専門家の個人知と匹敵する専門性を確保しようとしている。また、毎回数時間に渡って行われるリフレクションによって得られた知見を踏まえて、翌週までに CT と大学教員が資料や文献を読み込み、教材作成を行い、教育方法が検討され、即時の改善が行われることが保証される。これによって、授業前に入念に作られた教材ならびに計画された教育・学習過程と匹敵する内容や方法を確保しようとしてい

るのである。

　逆に言えば、諸事情でリフレクションの機会を設定することができない、その場で活発な情報共有が行われない、事前の教材作成や教育方法のトレーニングが不十分なものにとどまる、授業改善が即時に行われないというようなことがあった場合、本授業の質は瞬時にして低下するのである。実際、そういう事態は生じてきただろうし、今後も生じる可能性は十分ある。毎学期、そして毎回の授業が「藪の中」というのが筒井実践のユニークさであるが、それは脆弱性と同時に、膠着状況にある大学教育のイノベーションに繋がる可能性の両方を保持している。

参考文献

佐藤浩章(2009),「FDにおける臨床研究の必要性とその課題―授業コンサルテーションの効果測定を事例に―」『名古屋高等教育研究』9号

佐藤浩章(2015),「大学教育の質保証を担う大学教員の教育能力の質保証」早田幸政編『大学の質保証とは何か』, エイデル出版

Shulman, Lee S. (1987), Knowledge and Teaching: Foundations of the New Reform, *Harvard Educational Review*, 57-1

文部省大臣官房調査統計課(1975),『カリキュラム開発の課題―カリキュラム開発に関する国際セミナー報告書―』

3. 劇場型授業の可能性とそれを支える枠組み

大木誠一

(1) 劇場型授業の可能性

　私は、2013年前期に、はじめて劇場型授業に見学者として参加した。その後、第3章で述べた第三者による対話型リフレクションを担当するなど、現在に至るまで様々な役割をこの授業の中で担ってきた。そのなかで、出会った多くの見学者が共通して疑問に思っていたことがある。それは、教員がプロデューサーとなり授業協力者 (Creative Team: CT) が授業実践するこのスタイルは、「授業の質保証」という点で問題を抱えているのではないかという疑問である。私自身、最初の授業見学の時、同様の危惧を抱いた。しかし、私は2014年に高校教員を退職した後も、この授業に見学者として参加し続けた。それは、この授業スタイルを通して大きく変容した学生の姿やCTの成長ぶりを目の前で見続けることができたからである。なぜ、このような変容がこの授業において見られるのか、どうすればこの変容を生み出す仕組みをより一般的なものにすることができるのかを考え続けながら、私は、この授業に見学者としてかなりの程度介入してきた。以下では劇場型授業が持っている大きな可能性について、科学的な裏付けに基づいて述べていきたいと思う。

　学生の変容やCTの成長は、第3章第1節で述べた教室の文脈に関係している。劇場型授業が創りだす教室の文脈は、大学外からのCTや見学者が授業に全面的に関与することで、現実社会における問題とよく似た本物の (authentic) 課題を学生に提供している。これは、全米研究評議会 (National Research Council: NRC) が、より深い学びすなわち教室の学びを学校外で活用する可能性を高めるための授業アプローチとして提案しているものの一つである。しかし、この文脈と本物の課題は、急速に変化する社会の不確実性とそれに対する不安を写し出しており、現実を擬似的

に反映している。そのため、はじめてこの授業を訪れた見学者には、教室の状態がカオスに見えるであろう。実際、教室の現実は、教員と学生以外の学外者が構成するカオス（擬似的現実）なのである。このカオスというデメリットは、学生がこの中で対人関係を創りだしチームを機能させるという本物の課題に取り組むことによって、その学びを授業外で活用する可能性を高めるというメリットと表裏一体の関係にある。つまり、劇場型授業は、擬似的現実という本物により近い体験を通した学びの活動である。

　ある見学者は、この授業を「羅生門型アプローチ」であると指摘した。このアプローチは、教員に高い専門性を求め、教材と教員と生徒の出会いのなかから学びの意味を追求するものである。同じ教材に対して学生は様々な活動や体験をすることで、教員だけでなく、学生自身が、教材を意味づけ主体的・能動的に学ぶようになることが求められている。このアプローチが成果を生みだすためには、学習者自身が高い能力を持つことが必要だと考えられている。

　劇場型授業は、学生を授業の受け手である観客からアクターにすることで、授業（ステージ）の創り手としての役割を学生にも与えている。劇場型授業における行動目標は、プロデューサーである教員だけが決定するものではない。むしろ、教員と一緒に授業を創るディレクターであるCTとアクターである学生が、行動目標を決定する権限を教員とともに分散的に共有している。このように劇場型授業のステージは、プロデューサーからアクターに至る役割の階層構造ではなく、水平的でそれぞれの役割を越境しながら活動することで生みだされるアウトプットが構成する創発的なシステムになっている。そして、そのシステムは、創発的であるがゆえに、アップグレード、もしくは、不連続的な移動による新たな局面（ステージ）を生み出す可能性を高めている。

　この点で、劇場型授業は、時には見学者を含む教員・CT・学生の出会いと協働の助けを借りて、必ずしも能力の高くない学生も自ら主体的・能動的に学ぶことができ、その結果として学生の完全習得学習（一人一人

が完全に学習目標をクリアしてから次の段階に行くような学習方法）を実現する可能性を秘めている新しい授業形態である。そこでは、意味ある行動目標が、教員・CT・学生自身によって設定され、おのおのが目標達成のプロセスをモニターし、結果を評価することが求められる。そのため、劇場型授業では、すべての参加者の行動目標が予め統合されておらずズレが生じている可能性があり、対立や矛盾が起こるかもしれないという不確定さがある。そして、そのような対立や矛盾はたびたび生じていた。

　しかし、この対立や矛盾こそが、学生に本物の課題に挑戦する機会を与えている。例えば、2014年度前期のある学生は、授業直後のFB会（Feed Back：授業振り返り）に参加し「いつまでこのような授業をやっているのか、楽しいことはもう十分だ」と発言したことがある。毎回の授業でワークの楽しさを追求するのではなく、機能するチームとしてより高い目標に向けた行動が大切だという意味である。これをきっかけにCTは、授業づくりを根本から見直すことになったのである。しかし、学生に挑戦する機会が与えられているからといって、授業の質が保証されているわけではない。

　劇場型授業の仕組みと質保証を効果的かつ効率的に確立させるためには、一定の枠組みが必要である。それが、2015年度前期授業に導入された「PISA (Programme for International Student Assessment：国際的学習到達度調査) 2015 協働的問題解決」の枠組みである。OECD（経済協力開発機構）によるPISA2015協働的問題解決枠組みは、本来、国際的な比較調査に使われるコンピュータベースのパフォーマンス評価である。しかし、アクティブラーニングの現場で求められるパフォーマンス評価について、NRCは、「広範かつ比較可能な評価に必要な妥当性・信頼性が確保されているものはまだ確立されていない」と指摘している。けれども、そのような状況の中で、NRCはPISA2012問題解決能力調査が重要な認知的コンピテンシーに焦点を当てた国際比較が可能なパフォーマンス評価の一つとして評価している[1]。PISA2015協働的問題解決の枠組みは、PISA2012の調査を発展させ個人の対人関係的コンピテンシーを測定することを目的とする大

規模で実験的な評価の試みである。この枠組みを使うことによって、多人数が参加する国際調査においてグループ活動内の個人に対するプロセス評価が試みられているのである。

　これに対して、今、様々な批判がある。例えば、『21世紀型スキル』(2014)では、この枠組みは、(A)領域知識を問わず協働問題解決に関する認知・社会的スキルを測定しようとしているや、(B)協働的問題解決における調整・モニター能力に特化している、(C)ひとりひとりの理解プロセスの違いなどが常に存在し、各々の違いを通した相互行為の中で理解が深まるという場合があるにもかかわらず、人は互いの違いを解消して共通理解を得ようとすることで学ぶという収束モデルであるとの批判が挙げられている[2]。しかし、多様な授業参加者が授業に全面的に関与する劇場型授業は、(C)のような収束モデルを前提とすることでチームは機能すると思われ、そのなかで学生は(B)のような能力を強く求められており、(A)のような認知・社会的スキルの獲得が、授業の目的になっている。つまり、PISA2015協働的問題解決の枠組みは、あらゆる学びを評価しようとするのではなく、むしろチームの中で個人の協働的問題解決コンピテンシーを評価することに特化している。そのことは、まさに劇場型授業における学びのプロセスを評価することに適した枠組みである。

　この枠組みは、協働的な状況内の個人的スキルを評価するものであり、縦軸には、目標達成に向かって行動と感情を管理する個人の能力4項目(A)探索と理解(B)表現と定式化(C)計画と実行(D)モニターと振り返りを配置し、柔軟性、イニシアティブ、多様性を理解する能力、説明・計画・実行する能力、学びを振り返り適切に調整する能力と対応している。横軸には、他人からのメッセージに対して自らの考えを表明し、またそれを解釈し応答する能力と関係する3項目(1)共有された理解の成立と維持(2)問題解決のための適切な行為(3)チームの組織化と維持を配置し、協働的問題解決コンピテンシーと関連するチームワーク、コラボレーション、リーダーシップ、コミュニケーション、責任能力、紛争解決能力と対応している(表1)[3]。結果として、PISA2015協働的問題解決の枠組みは、

表1 PISA2015 協働的問題解決の枠組み

		協働的問題解決コンピテンシー		
		(1) 共有された理解の成立と維持	(2) 問題解決のために適切な行為	(3) チーム組織の成立と維持
個人の問題解決スキル	(A) 探索と理解	(A1) チームメンバーの視点と能力を発見すること	(A2) 問題を解決するための行動的な相互行為のタイプを発見すること	(A3) 問題解決のための役割を理解すること
	(B) 表明と定式化	(B1) 問題に関する共有された表明を構築し、問題の意味を交渉すること	(B2) 完成されなければならない課題を特定し、記述すること	(B3) 役割と組織を記述すること(コミュニケーションプロトコルとルール)
	(C) 計画と実行	(C1) 活動について、チームメンバーとコミュニケーションすること	(C2) 計画を実行すること	(C3) 取り組みのルールに従う(チームメンバーに課題を実行することを促す)
	(D) 監視と振り返り	(D1) 共有された理解をモニターし、修正する	(D2) 結果をモニターすることと、成功を評価すること	(D3) モニターし、フィードバックを与える、に組織と役割の適用

出典：PISA 2015, DRAFT COLLABORATIVE PROBLEM SOLVING FRAMEWORK より著者作成

縦4個横3個全体で12個のセルを持つ表として示されている。

2015年度前期の授業でおこなった個々の活動は、これら12個のセルに位置づけられ、授業の最後におこなうリフレクションシートを通して評価されている。評価基準は、PISA2015協働的問題解決の枠組みのなかにある3段階のルーブリック(表2)[4]を参考にして作成した。

リフレクションシートに学生が記入した内容は、教員や授業参加者によって共有され授業改善に使われるとともに、学生が自らの学びをリフレクションする機会を生み出し、これらをグループで共有した場合は、協働的活動を修正し目標達成を導くツールとなっている。

このように、PISA2015協働的問題解決の評価枠組みは、学びのプロセスを繰り返しリフレクションする道具であり、学生の「学びとしての評

表2 協働的問題解決コンピテンシー評価基準から抜粋

	低 い	ふ つ う	高 い
(1) 共有理解の成立と維持	課題に関係のないコミュニケーションをいつも生みだす	自己や他人について、適切な情報を生み出し探究するために質問している	必要な時、自己や他人について活動的に情報や視点を共有する
(2) 問題解決に適切な行為	試行錯誤的に活動やコミュニケーションをする、または、解決から遠ざかる方へ問題を動かす	問題解決を進める活動、課題、計画についての依頼に応じる	問題解決のため適切な時に、完成される活動・課題・計画について尋ねる
(3) チーム組織の成立と維持	活動とコミュニケーションは、他のメンバーの役割を理解していないことを示唆している	他のメンバーの役割を認識・確認している	活動とコミュニケーションは、問題解決のために必要な異なるの役割を理解し計画し始める

出典：PISA 2015, DRAFT COLLABORATIVE PROBLEM SOLVING FRAMEWORK より著者作成

価」として機能する形成的評価として利用できるのである。この枠組みは、教員・CT・学生すべてに適用され、本来のプロセス評価の枠組みとして利用するだけでなく、形成的評価のツールとしても利用している。

　この枠組みが本授業でどこまで有効であるかどうかは、現在検証中であるが、アクティブラーニングの形成的評価に新しい光を注ぎ込むことが大いに期待されている。

参考文献

1. 劇場型授業の質保証のために枠組みとして可能性があるもう一つの枠組みは、ATC21S（Assessment and Teaching of Twenty-First Century Skills）プロジェクトが進める21世紀型スキルを育成するために開発中の「学習の発達モデル」である。この枠組みの有効性も、今後検討する必要があると考える。
2. グリフィン・パトリック，マクゴー・バリー等編，三宅なほみ監訳，益川弘如，望月俊男編訳 (2014)，『21世紀型スキル　学びと評価の新たなかたち』，北大路書房
3. J. W. Pellegrino and M.L. Hilton, National Research Council, Education for Life and Work: Developing Transferable Knowledge and Skills in the 21st Century,

National Academy Press, 2012, OECD "PISA 2015, DRAFT COLLABORATIVE PROBLEM SOLVING FRAMEWORK", 2013, in http://www.oecd.org/pisa/pisaproducts/Draft%20PISA%202015%20Collaborative%20Problem%20Solving%20Framework%20.pdf (2015年9月15日).

4　J. W. Pellegrino and M.L. Hilton, National Research Council, Education for Life and Work: Developing Transferable Knowledge and Skills in the 21st Century, National Academy Press, 2012, OECD "PISA 2015, DRAFT COLLABORATIVE PROBLEM SOLVING FRAMEWORK", 2013, in http://www.oecd.org/pisa/pisaproducts/Draft%20PISA%202015%20Collaborative%20Problem%20Solving%20Framework%20.pdf (2015年9月15日).

コラム⑱　反転授業は、未来の学びの第一歩

筒井洋一

　大学でも高校でも、授業をいろいろ改善しようしている教員にとっての最大の悩みは、授業時間が足りないことです。大学は90分、高校は50分が授業時間の基本ですが、新しいことを導入しようとすると、時間内に終わらないことが多いです。

　また、時間的制限とは別に、授業では、できるだけ多くの学生が理解できるようにとも考えます。そのためには、学生個人へのサポート時間を増やしたいのですが、人数が多くなるとこれも難しい。じゃあ、どうすればいいのかというと、結局は、これまでは有効な対策がなくてあきらめてしまっていました。

　それが反転授業によって一気に障害が取り除かれました。反転授業とは、授業の予習用に、事前に10分程度のビデオで学習し、授業でわからない部分をみんなで話し合ったり、教員が個別サポートしたりして、学生全員が理解できるようにする方法です（ビデオ学習以外の方法もありますが、ここではそれに限定します）。

　私の場合、これまで知識習得的な内容を授業内で教えていたのですが、それをビデオで説明する授業外学習に変更しました。これによって、従来だと授業時間内で工夫していたのが、授業外のビデオ授業で教えられることによって授業時間を有効に使えるようになりました。これは完全に授業の枠組みを越える発想です。

　ビデオを見てもわからない場合、授業内にわかる学生がわからない学生と学び合って理解することが可能になりました。授業時間も有効に使えるし、わからない学生に対して教師が個別に教えることもできるようになりました。

　もちろん、反転授業を導入したからといって、すべて解決するわけではありません。まずは、なんといっても、ビデオは学生の大半に見てもらわなければ意味がありません。授業外学習の習慣がない学生の場合には、なんらかの拘束が必要になってきます。

　次に、ビデオ授業と対面授業とが連動している必要があります。ビデオで

は知識習得をおこない、対面授業では全員が理解する学び合いをおこなった後に、新しい単元に進む。この繰り返しをおこなう必要がありますが、両者の連動性が不可欠です。

　また、反転授業で成果が出やすいのは完全習得型学習の授業です。これは、全員に、学習内容を完全に習得させるための学習方法です。公文式の学習塾では、あるレベルの問題をすべて解けば、次の単元に行けるという方式です。完全習得型の反転授業でもこれと同じように学生全員が理解するように支援します。この方式で多くの大学では、成績下位層の成績が向上し、上位層へと移行してきます。

　しかし、それとは異なる高度能力育成型学習では事情が違います。PBL (Problem-Based Learning) や問題解決型の学習では、学生が正解のない課題に取り組んだり、正解そのものを自ら創り出すことをしますが、そこでは必ずしも成果が明確ではありません。教員の力量や学習環境に依存する度合いが強いと言われています。

　高度能力育成型学習の難しさは習得した知識をどのように活用できるのかということです。活用するのは学生ですから、学生自身がどのように学んでいるのかを明確にすればいいと思います。そのための方法として、私は、授業内で学生自身がリフレクションをして、自身の活動の中で、何を考え、どう行動して、どのような変化が表れたのかを記録することで読み取ろうと考えています。詳細については、第3章第2節を参照してください。

　このように反転授業を実際に運営すると様々な課題が生まれてきますが、同時に、授業内と授業外との境目がシームレスになり、教室という閉鎖空間での学びではなく、より開かれた社会の中での学びが広がっていくでしょう。授業時間外での学びが本格化することによって、単に定型的知識やスキルを習得するのではなく、正解のない非定型的な問題解決へと進むことが可能になります。

　このように反転授業は、これまでとは大きく異なる未来に向けて、未来の学びを生み出す起爆剤になることでしょう。

おわりに

ここまで読んでいただいて、ありがとうございます。いかがでしたか？

おわりにでは、この方向に進んでいくであろうと私が思っている未来の話を書きます。

私は、現在よりも未来の教育や社会に強い関心があります。私が現在関わっている学習者が将来にわたって変容するであろう世の中でどのように生きていくのかをいつも考えています。それについて少しお話しします。

教育の未来を考えた場合、これまで常識だった基本要素がすべて変容していきます。学習時間、学習空間、教材、教員のすべての変容です。まず、学習時間です。対面授業において学習者へのカスタマイズされた学びを提供するために、学習者全員が取り組む知識や活動を授業外に取り組むという反転授業に対する関心が高まっています。反転授業の最大の功績は学習時間を授業時間と切り離したことです。これによって、学習は授業時間だけという制限を取り払い、必要な時にいつでも学べるという学習時間の変容が起こりました。もともと時間や空間にとらわれないで展開しているオンライン教育と共に、反転授業は学習時間を変容させた重要な要因です。

次に、学習空間です。フィールドワーク、インターンシップ、オンライン教育などが広がっていくことで、教室での学びと現場での学びをどのよう組み合わせるのかという問題は今後さらに議論になるでしょう。それに加えて、われわれが取り組んでいるように、教員と学生だけの閉鎖的な学習空間に閉じ込められた環境から解放し、教室という内的空間を社会化するという変容が起こっています。このように学習空間は内的外的にも変容を迎えてきています。

第三は、教材です。カーンアカデミー（Khan Academy）やオンライン教

材などの無料の学習コンテンツがインターネット上に次々生み出されています。今後、教員から学生に直接知識提供する割合は、少なくなることはあっても多くはならないでしょう。確かに今はまだオンライン教材なしでも授業が可能ですが、今後間違いなく増えていくでしょう。たとえ教員がオンライン教材を使わなくても、学生はインターネットから見つけ出しますし、大学外の学習者は大学に行かなくてもそれを習得できます。こうした未来の姿を教員だけが知らないまま授業を進めることがいかに怖いことかを考えるとぞっとします。

では最後に、教員です。教員が将来、授業内でこれまでのような知識提供する割合が大幅に減少するとすれば、教員とはどういう役割を担うのかという問題に突き当たります。一般に、教員とは学習者に対して知識を教える存在であると考えられています。あるいは、教員とは教壇に立つ存在であるとも言われています。

けれども、私は、今、教員＝知識を教える人、という常識自体が問われていると考えています。以前は、教員が考えた知識を提供することでよかったですが、現在では学生の学びを考慮した知識や考え方を提供すべきであると言われています。提供する知識自体の転換が必要になってきているのです。また、知識提供にとどまらず、知識の応用や活用までを含めた教え方も求められてきています。このように、知識提供自体の位置づけが変わってきた中で、知識提供以外の教員の仕事が問われています。

では、知識提供よりも大切なことはなんなのでしょうか。そんなことを考えながら、私はCTという仕組みを思いつきました。教員の業務が多様になり、より厳しくなる中で、教員一人より外部の知恵や創意を協働して授業を企画・遂行してはどうかと思いました。

(教員が全体をプロデュースしながら、)CTが授業を進行することにより、授業にある次の機能(個別学生への対応、学生に寄り添うテーマ設定、多彩なワーク、メリハリのあるモジュール構成)が変化し、学生の学びに向かう態度や姿勢、意欲や関わり方が以前より顕著に良くなります。

私は、2012年から学外の見学者を募集してきましてきましたが、（教員のプロデュースという枠組みの中であっても、）学外ボランティアを前面に出した授業という例は聞いたことがありません。

　見学者の存在はこれまでの教育改革の延長線上に位置づけられるにしても、CTの存在はこれまでの動きとはまったく異なるイノベーションです。CTは、学外ボランティアであり、教員から自律した存在であり、授業準備、進行、振り返り、改善のすべてのプロセスに関わる自由度の高い存在です。

　これからの時代の学習空間に学びの伴走者となる学外者がいても不思議ではありません。そこでは、学習者が、学外にある組織や社会と同じような開かれた環境で学びを体験し活動し表現する場となります。もしそのような未来社会を描くとすれば、CTという存在が生まれてきます。

　かくしてCTは、過去からの訪問者ではなく、未来からの学びのエバンジェリストとして立ち現れて来ます。未来へのイノベーションは、固定した関係と安定した組織だけでは生まれません。グローバルな環境の中で、必要な時に必要な人々が集まり、限られた期間に素早く成果を出すことが様々な分野のイノベーションにつながります。このことができれば、授業の原点に立ち返る挑戦も取り込めますし、すべては未来へ向かいます。みなさんが、これからの学びの行方にどのように関わっていかれるのか。私も楽しみにしておりますので、是非ご連絡頂ければありがたいです。

　最後に、この本や授業に関わった方々のお名前を上げることをお許しください。私と一緒に半年間授業創りに関わって頂いたCTのみなさん（吉田美奈子・滋野正道・筌場正紀・矢野康博・石崎未久・出町卓也・三井紀命・桑原恭祐・鈴木伸也・中村一樹・石田悠・佐野光平・田中素子・柳本英理・小西真人・竹内理・田口晋・山本沙代・霧嶋舞・森健太・塩澤順哉・藤永晴人さん）、2015年前期現在のべ535名の見学者の皆さん、この出版にあたってご協力頂いているみなさんには心からのお礼を申し上げます。また、今後一緒に

関わる方々ともお会いできることを心待ちにしています。

筒井　洋一

さらに学びたい人のための書籍リスト

1 若者を取り巻くグローバルな環境について

社会の変化が激しい21世紀、若者にとって、現代はどのような環境になっているかについて述べている書籍です。

アンソニー・ギデンス，佐和隆光訳(2001)，『暴走する世界―グローバリゼーションは何をどう変えるのか』，ダイヤモンド社

ケイン・スーザン，古草秀子訳(2013)，『内向型人間の時代―社会を変える静かな人の力』，講談社

セリグマン・マーティン，宇野カオリ監訳(2014)，『ポジティブ心理学の挑戦 "幸福"から"持続的幸福"へ』，ディスカヴァー・トゥエンティワン

トーマス・フリードマン，伏見威蕃訳(2010)，『フラット化する世界―経済の大転換と人間の未来―(上・中・下)』，日本経済新聞社

ホックシールド，石川准・室伏亜希訳(2000)，『管理される心―感情が商品になるとき』，世界思想社

リンダ・グラットン，池村千秋訳(2012)，『WORK SHIFT ワーク・シフト―孤独と貧困から自由になる働き方の未来図〈2025〉』，プレジデント社

2 21世紀の若者が身に付けることを求められているコンピテンシーについて

OECD(経済協力開発機構)は、すべての若者が身に付けるべき総合的な力(キーコンピテンシー)を提唱しています。これと関連した教育と学校の役割の変化について述べている書籍です。

苅谷剛彦・志水宏吉・清水睦美・諸田裕子(2002)，『調査報告「学力低下」の実態』，岩波書店

苅谷剛彦・清水睦美(2008)，『杉並区立「和田中」の学校改革―検証地方分権化時代の教育改革』，岩波書店

グリフィン・パトリック，マクゴー・バリー，エスター・ケア編，三宅なほみ監訳，益川弘如，望月俊男編訳(2014)，『21世紀型スキル―学びと評価の新たなかたち』，北大路書房

国立教育政策研究所(2013)，『教育課程の編成に関する基礎的研究 報告書5 社会の変化に対応する資質や能力を育成する教育課程編成の基本原理』(平成24

年度プロジェクト研究調査研究報告書），http://www.nier.go.jp/kaihatsu/pdf/Houkokusho-5.pdf

溝上慎一・松下佳代編 (2014)，『高校・大学から仕事へのトランジション―変容する能力・アイデンティティと教育』，ナカニシヤ出版

溝上 慎一責任編集，京都大学高等教育研究開発推進センター・河合塾編 (2015)，『どんな高校生が大学、社会で成長するのか―「学校と社会をつなぐ調査」からわかった伸びる高校生』，学事出版

3 グループワーク概論における学びを支える理論的基盤について

佐伯胖監修，渡部信一編 (2010)，『「学び」の認知科学事典』，大修館書店

佐藤学・木曽功・多田孝志・諏訪哲郎編著 (2015)，『持続可能性の教育―新たなビジョンへ』，教育出版

ジーン・レイヴ・エティエンヌ・ウェンガー，佐伯胖訳 (1993)，『状況に埋め込まれた学習―正統的周辺参加』，産業図書

ファイファー，ボンガード，細田耕・石黒章夫訳 (2010)，『知能の原理―身体性に基づく構成論的アプローチ』，共立出版

米国学術研究推進会議，森敏昭・秋田喜代美・21世紀の認知心理学を創る会訳 (2002)，『授業を変える―認知心理学のさらなる挑戦』，北大路書房

山住勝広 (2004)，『活動理論と教育実践の創造―拡張的学習へ』，関西大学出版部

山住勝広，ユーリア・エンゲストローム (2008)，『ノットワーキング―結び合う人間活動の創造へ』，新曜社

ユーリア・エンゲストローム，山住勝広・松下佳代・百合草禎二・保坂裕子・庄井良信・手取義宏訳 (1999)，『拡張による学習―活動理論からのアプローチ』，新曜社

ユーリア・エンゲストローム，山住勝広・山住勝利・蓮見二郎訳 (2013)，『ノットワークする活動理論―チームから結び目へ』，新曜社

ヴィゴツキー，柴田義松・宮坂琇子訳 (2005)，『教育心理学講義』，新読書社

4 反転授業とゲーミフィケーション（高度情報化社会の中での学び）について

　　グループワーク概論で取り入れた反転学習とゲーミフィケーションに関連した書籍です。

アラン・コリンズ，リチャード・ハルバーソン，稲垣忠訳 (2012)，『デジタル社会の学びのかたち―教育とテクノロジの再考 単行本』，北大路書房

ジェイン・マクゴニガル，妹尾堅一郎監修，藤本徹・藤井清美訳(2011)，『幸せな未来は「ゲーム」が創る』，早川書房

ジョナサン・バーグマン，アーロン・サムズ，山内祐平・大浦弘樹監修，上原裕美子訳(2014)，『反転授業―基本を宿題で学んでから，授業で応用力を身につける』，オデッセイコミュニケーションズ

ミハイ・チクセントミハイ，今村浩明訳(1996)，『フロー体験―喜びの現象学』，世界思想社

藤本徹(2007)，『シリアスゲーム―教育・社会に役立つデジタルゲーム』，東京電機大学出版

マーク・プレンスキー，藤本徹訳(2009)，『デジタルゲーム学習―シリアスゲーム導入・実践ガイド』，東京電機大学出版局

5　省察（リフレクション）の必要性について

本書第3章で取り上げた対話型授業評価に関連し，教育と省察の関係を考察する基礎資料となる書籍です。

コルトハーヘン・フレット，武田信子監訳，今泉友里・鈴木悠太・山辺恵理子訳(2010)，『教師教育学―理論と実践をつなぐリアリスティック・アプローチ』，学文社

ジョン・デューイ，河村望訳(2000)，『学校と社会　ジョン・デューイ　デューイ＝ミード著作集7・9』，人間の科学新社

ドナルド・ショーン，佐藤学・秋田喜代美訳(2001)，『専門家の知恵―反省的実践家は行為しながら考える』，ゆみる出版

6　アクティブラーニングを支える理論と定義について

フィンク・L・ディー，土持ゲーリー法一訳(2011)，『学習経験をつくる大学授業法―高等教育シリーズ』，玉川大学出版部

松下佳代・京都大学高等教育研究開発推進センター編著(2015)，『ディープ・アクティブラーニング―大学授業を深化させるために』，勁草書房

溝上慎一(2014)，『アクティブラーニングと教授学習パラダイムの転換』，東信堂

7　アクティブラーニングを実現する授業設計と手法について

小林昭文(2015)，『アクティブ・ラーニング入門』，産業能率大学出版部

小林昭文(2015)，『現場ですぐに使える―アクティブラーニング実践』産業能率

大学出版部
西川純 (2015),『すぐわかる！できる！アクティブ・ラーニング』学陽書房
稲垣忠・鈴木克明編著 (2015),『授業設計マニュアル―教師のためのインストラクショナルデザイン（ver.2)』, 北大路書房
ウィギンズ・グラント, マクタイ・ジェイ, 西岡加名恵訳 (2012),『理解をもたらすカリキュラム設計―「逆向き設計」の理論と方法』, 日本標準
西岡加名恵編著 (2008),『「逆向き設計」で確かな学力を保障する』, 明治図書出版
バークレイ・エリザベス, クロス・パトリシア, メジャー・クレア, 安永悟監訳 (2009),『協同学習の技法―大学教育の手引き』, ナカニシヤ出版
ユーリア・エンゲストローム, 松下佳代・三輪建二監訳 (2010),『変革を生む研修のデザイン―仕事を教える人への活動理論』, 鳳書房
井下千以子 (2008),『大学における書く力考える力―認知心理学の知見をもとに』, 東信堂
ウッズ・ドナルド・R., 新道幸恵訳 (2001),『PBL― 判断能力を高める主体的学習』, 医学書院
佐藤学 (2015),『学び合う教室・育ち合う学校 ― 学びの共同体の改革』, 小学館
自己調整学習研究会編 (2012),『自己調整学習― 理論と実践の新たな展開へ』, 北大路書房
杉江修治著 (2011),『協同学習入門―基本の理解と 51 の工夫』, ナカニシヤ出版
富田英司, 田島充士編著 (2014),『大学教育―越境の説明をはぐくむ心理学』, ナカニシヤ出版
日向野幹也 (2013),『大学教育アントレプレナーシップ―新時代のリーダーシップの涵養』, ナカニシヤ出版
ルーウィン・ウォルター, 東江一紀訳 (2012),『これが物理学だ！―マサチューセッツ工科大学「感動」講義』, 文藝春秋

8 アクティブラーニングにおける学びその評価法について

スー・F. ヤング, ロバート・J. ウィルソン, 土持ゲーリー法一, 小野恵子訳 (2013),『「主体的学び」につなげる評価と学習方法―カナダで実践される ICE モデル』, 東信堂
田中耕治編 (2010),『よくわかる教育評価―やわらかアカデミズム』, ミネルヴァ書房
松下佳代 (2007),『パフォーマンス評価―子どもの思考と表現を評価する』, 日本標準

9　今後の教育の問題点について

　　トマ・ピケティが『21世紀の資本』のなかで予想する格差社会に対応するポイントの一つが教育制度です。格差と教育の問題を正面から取り上げている苅谷氏等の書籍は、日本のこれからの教育制度に対して一つの視点を提供している。

苅谷剛彦・山口二郎 (2008),『格差社会と教育改革』, 岩波書店
苅谷剛彦 (2009),『教育と平等― 大衆教育社会はいかに生成したか』, 中央公論新社
苅谷剛彦 (2012),『学力と階層―教育の綻びをどう修正するか』, 朝日新聞出版
トマ・ピケティ, 山形浩生・守岡桜・森本正史訳 (2014),『21世紀の資本』, みすず書房

執筆者紹介

編著者

筒井　洋一（つつい よういち）
京都精華大学人文学部教授。大学コンソーシアム京都高大連携協議会委員。神戸大学法学研究科博士後期課程修了後、富山大学教養部講師・助教授、同人文学部助教授・教授を経て、現職。専門は、高等教育学、組織開発。業績：共著『自己表現力の教室―大学で教える「話し方」「書き方」』（情報センター出版局、2000年）、共著「大学外からの授業参加者が学びを変える―越境的で水平的な結びつきから創出する学びあい―」『コンピュータ＆エデュケーション』Vol.37、2014年5月。共著「教育の質保証に向けた授業見学者による授業リフレクションの意義」『大学教育学会誌』第36巻第2号、2014年11月など。

山本　以和子（やまもと いわこ）
京都工芸繊維大学教育研究基盤機構系准教授。大学コンソーシアム京都高大連携協議会委員。名古屋大学大学院教育発達科学研究科博士前期課程修了。(株)福武書店（現(株)ベネッセコーポレーション）にて主に高大接続に関わる業務に従事。信州大学経済学部助手を経て、復職後に名古屋大学大学院に派遣、その後ベネッセ教育総研研究員、ベネッセグループ進研アド高等教育研究センター部長等を歴任し、現職。専門は、高等教育学、比較教育学（高大接続、初年次教育、教育戦略と計画）。業績：共著「教育の質保証に向けた授業見学者による授業リフレクションの意義」『大学教育学会誌』第36巻第2号、2014年11月など。

大木　誠一（おおき せいいち）
神戸大学文学部社会学専攻を卒業、神戸国際大学附属高等学校で地歴・公民科教諭として勤務。2002年より勤務校において教育の情報化を推進し、昨年、定年退職。2008年から6年間、CIEC（コンピュータ利用教育学会）理事・CIEC会誌「コンピュータ＆エデュケーション」編集委員。4年前に、筒井が高校の授業支援に入ったことをきっかけにこの授業に関わる。昨年よりボランティアで授業に参画し、授業評価の分析を担当している。業績：共著『大学外からの授業参加者が学びを変える―越境的で水平的な結びつきから創出する学びあい―』『コンピュータ＆エデュケーション』Vol.37、2014年5月。

執筆者

松尾　智晶（まつお ちあき、2013 年前期 / 見学者 / 社会人）
　京都産業大学共通教育機構准教授として初年次教育やキャリア教育を担当。筒井の授業で学生が飛躍的に成長する姿を見るために、2013 年前期は 15 週中 10 週通ってそのノウハウを取得した。

坂井　裕紀（さかい ひろのり、2013 年後期 / 見学者 / 社会人）
　2003 年に北陸初のメンタルヘルス専門機関を起業し、これまで全国各地の企業や地方公共団体等において 1,000 回以上の研修を実施している。現在、京都在住。早稲田大学大隈記念特別奨学生（2013）として勉強しながら、遊戯的労働観、ワークエンゲイジメント、ゲーミフィケーションに関する研究実践に従事。

吉田　美奈子（よしだ みなこ、2013 年前期 /CT/ 社会人）
　京都女子大学卒業後、NPO 法人暮らしづくりネットワーク北芝勤務を経て、京都北部の中山間地・福知山市雲原地区にて実践型地域づくり研究に従事。実験と模索の初代 CT として、村の生活で身につけた「馴染みなき場を楽しむ知恵」を活かす。

出町　卓也（でまち たくや、2013 年後期 /CT/ 社会人）
　県立長崎シーボルト大学在学時に国際協力に関心を持ち、卒業後、海外の NGO 経由で開発インストラクターとしてアフリカ・モザンビークで HIV 啓発活動に従事する。帰国後、英語教員を志す中で、この授業に関わった。毎週、受講生全員に声を掛けるという学生の同伴者としての力量を発揮した。現在、岐阜県公立学校教員。

桑原　恭祐（くわはら きょうすけ、2014 年前期 /CT/ 社会人）
　新しい働き方ができる人の時代になると確信し、関西学院大学を卒業後フリーターとなる。研修会社や寺子屋私塾の創業、精華大の授業など未来の教育へ携わる経験を経て、出逢い・発見・創造の場づくりを志す。薫風新生社代表、(株)東京農工大学総合研究所 研究員、Organic Learning 共同経営者として活動中。

坂本　祐央子（さかもと ゆみこ、2014 年前期 / 見学者 / 社会人）
　日本ファシリテーション協会会員、NPO 法人百万石ワールドカフェ代表理事、銀座コーチングスクール東京八重洲校、仙台校代表。ファシリテーションの

講師として自治体、企業など年間150回の研修を実施する。近年、大学でのファシリテーション講座依頼も多いことから、精華大の授業に関心を持ち、授業評価のリフレクションを担当。

芳本　賢治（よしもと けんじ、2013年前期／見学者／社会人）
　日本ファシリテーション協会のプロフェッショナル講師がたくさんいる中で、6名しかいない協会主催の公開基礎セミナー正講師として活躍。大阪経済大学でファシリテーションの授業を担当する中で、精華大の授業に関心を持った。

佐藤　浩章（さとう ひろあき、2014年後期／見学者／社会人）
　大阪大学全学教育推進機構准教授、同大教育学習支援センター副センター長。日本高等教育開発協会副会長。ファカルティ・ディベロッパーとして授業改善を希望する大学教員向けにコンサルティングを行ったり、研修の講師をつとめたりしている。新しい大学授業の形態を探る中で筒井の授業のことを知り、見学を希望し、リフレクションのメタリフレクションを担当した。

コラム執筆者

戸田　千速（とだ ちはや、2015年前期／見学者／院生）
　東京大学大学院教育学研究科D2、デジタルハリウッド大学大学院 高橋光輝研究室 研究員

柳本　英里（やなぎもと えり、2014年後期／CT／学生）
　当時：神戸大学発達科学部4年生　現在：卒業生（2016年度就職予定）

遠藤　龍（えんどう りょう、2015年前期／見学者／学生）
　神戸大学法学部4年生

水口　幹之（みずぐち もとゆき、2014年後期／見学者／学生）
　当時：立命館大学文学部休学　現在：ライター修行中

矢野　康博（やの やすひろ、2013年後期／CT／学生）
　当時：同志社大学商学部3年生　現在：株式会社スマイルズ勤務

小西　真人（こにし まさと、2014年後期／CT／学生）

当時：兵庫教育大学学校教育学部 4 年生　現在：株式会社タスク・フォース勤務

霧嶋　舞（きりしま まい、2015 年前期 /CT/ 学生）
　関西学院大学法学部政治学科 4 年生

加藤　尚子（かとう なおこ、2015 年前期 / 見学者 / 社会人）
　NPO 法人 職員

桑原　恭祐（2014 年前期 /CT/ 企業研修講師）
　執筆者プロフィール参照

三浦　祥敬（みうら よしたか、2014 年後期 / ゲーミフィケーションチーム / 学生）
　当時：京都大学総合人間学部 4 回生　現在：同学部卒業済

田口　晋（たぐち すすむ、2014 年後期 /CT/ 学生）
　当時：大阪電気通信大学休学　現在：大阪電気通信大学情報通信工学部 4 回生

CT（授業協力者）と共に創る劇場型授業―新たな協働空間は学生をどう変えるのか―

2015年11月30日　　初　版第1刷発行　　　　　　　　　　　　〔検印省略〕
　　　　　　　　　　　　　　　　　　　　　　　　定価はカバーに表示してあります。

編著者Ⓒ筒井洋一・山本以和子・大木誠一／発行者　下田勝司　　印刷・製本／中央精版印刷

東京都文京区向丘 1-20-6　　郵便振替 00110-6-37828　　　　　　　　　　発　行　所
〒 113-0023　TEL (03) 3818-5521　FAX (03) 3818-5514　　　　　　　株式会社 東信堂
Published by TOSHINDO PUBLISHING CO., LTD.
1-20-6, Mukougaoka, Bunkyo-ku, Tokyo, 113-0023, Japan
E-mail : tk203444@fsinet.or.jp　http://www.toshindo-pub.com

ISBN978-4-7989-1325-4　C3037　　Ⓒ TSUTSUI, YAMAMOTO, OKI

大学の自己変革とオートノミー——点検から創造へ	寺﨑昌男	二五〇〇円
大学教育の創造——歴史・システム・カリキュラム	寺﨑昌男	二五〇〇円
大学教育の可能性——教養教育・評価・実践	寺﨑昌男	二八〇〇円
大学は歴史の思想で変わる——FD・評価・私学	寺﨑昌男	二五〇〇円
大学改革 その先を読む	寺﨑昌男	一三〇〇円
大学自らの総合力——理念とFD そしてSD	寺﨑昌男	二〇〇〇円
大学自らの総合力 II——大学再生への構想力	寺﨑昌男	二四〇〇円
アウトカムに基づく大学教育の質保証——チューニングとアセスメントにみる世界の動向	深堀聰子	三六〇〇円
高等教育質保証の国際比較	杉本和弘/米澤彰純/羽田貴史 編	三二〇〇円
学士課程教育の質保証へむけて——学生調査と初年次教育からみえてきたもの	山田礼子	一八〇〇円
主体的学び 創刊号	主体的学び研究所編	一八〇〇円
主体的学び 2号	主体的学び研究所編	一六〇〇円
主体的学び 3号	主体的学び研究所編	一六〇〇円
「主体的学び」につなげる評価と学習方法——カナダで実践されるICEモデル	S・ヤング&R・ウィルソン著 土持ゲーリー法一 監訳	一〇〇〇円
ポートフォリオが日本の大学を変える——ティーチング/ラーニング/アカデミック・ポートフォリオの活用	土持ゲーリー法一	二五〇〇円
ティーチング・ポートフォリオ——授業改善の秘訣	土持ゲーリー法一	二〇〇〇円
ラーニング・ポートフォリオ——学習改善の秘訣	土持ゲーリー法一	二五〇〇円
アクティブラーニングと教授学習パラダイムの転換	溝上慎一	二四〇〇円
大学生の学習ダイナミクス——授業内外のラーニング・ブリッジング	河井亨	四五〇〇円
アカデミック・アドバイジング——日本の大学へのアメリカの示唆 その専門性と実践	清水栄子	二四〇〇円
CT（授業協力者）と共に創る劇場型授業——新たな協働空間は学生をどう変えるのか	大山牧子/筒井洋一/木以和子 編著	二〇〇〇円
「学び」の質を保証するアクティブラーニング——3年間の全国大学調査から	河合塾編著	二〇〇〇円
「深い学び」につながるアクティブラーニング——全国大学の学科調査報告とカリキュラム設計の課題	河合塾編著	二八〇〇円
アクティブラーニングでなぜ学生が成長するのか——経済系・工学系の全国大学調査からみえてきたこと	河合塾編著	二八〇〇円
初年次教育でなぜ学生が成長するのか——全国大学調査からみえてきたこと	河合塾編著	二八〇〇円

東信堂

〒113-0023 東京都文京区向丘1-20-6
TEL 03-3818-5521　FAX 03-3818-5514　振替 00110-6-37828
Email tk203444@fsinet.or.jp　URL:http://www.toshindo-pub.com/

※定価：表示価格（本体）＋税